ROCK PROGRESIVO

ROCK PROGRESIVO

Eloy Pérez Ladaga

MA
NON
TROPPO

© 2017, Eloy Pérez Ladaga
© 2017, Redbook Ediciones, s. l. Barcelona

Diseño de cubierta e interior: Regina Richling

ISBN: 978-84-946961-4-5
Depósito legal: B-21.613-2017

Impreso por Sagrafic, Plaza Urquinaona 14, 7º-3ª 08010 Barcelona
Impreso en España - *Printed in Spain*

Índice

Creo que el rock progresivo es la ciencia ficción de la música. La ciencia ficción especula acerca de cómo será el futuro, qué aspecto tendrá y cómo llegaremos a él, y a la vez tiene siempre a la humanidad como tema central, o debería tenerlo. El rock progresivo tiene el mismo concepto de indagación sobre aquellas partes del mundo de la música que aún no han sido exploradas.

William Shatner

INTRODUCCIÓN

¿Qué es, qué significa y qué engloba el rock progresivo? ¿Cuándo y cómo empezó? ¿Qué grupos y artistas pueden encuadrarse en dicho estilo? La presente guía pretende dar respuesta a estas y otras preguntas, dando al lector las pautas, las herramientas y los datos más significativos combinando rigor, objetividad y ¿por qué no? ciertas dosis de opinión al respecto.

Género adulto por excelencia dentro del rock, lo progresivo y/o sinfónico ha suscitado, a lo largo de su historia, opiniones encontradas, en muchos casos incluso opuestas. El hecho de haber introducido armonías y estructuras musicales complejas en una música, el rock, que desde su génesis portaba lo sencillo y lo inmediato por bandera, no siempre ha sido apreciado por una parte de la parroquia rockera, que lo ha despreciado endémicamente tildándolo de música aburrida, pretenciosa y autoindulgente. Un error de bulto, pues a lo largo de su historia el rock progresivo ha demostrado en incontables ocasiones su carácter ecléctico, su afán de experimentación y su posición de vanguardia respecto a la coyuntura artística imperante.

Auténtica esponja musical, capaz de absorber, amalgamar y destilar un sinfín de influencias, si algo lo caracteriza es –en contra de la opinión de sus detractores– su voluntad de mestizaje, su falta de complejos a la hora de aceptar otras músicas para incorporarlas al andamiaje básico del rock. Así, ya sea desde la primera psicodelia (de la que deriva en buena parte), pasando por el blues y el jazz, el pop, el folk y el hard rock, la música electrónica y de vanguardia y sin olvidar por supuesto la música clásica en sus mil y una acepciones, el rock progresivo se atrevió (y en ello sigue) a derribar barreras estilísticas con sonoridades nuevas y atrevidas.

A diferencia de otros géneros populares, el rock progresivo no nació en las calles, sino mayormente en escuelas de arte, colegios elitistas y conservatorios, y no de la mano de rebeldes o desheredados, sino de jóvenes de clase media alta, alumnos de corbata y uniforme o hippies de perfil bajo. Practicado por músicos, en su mayoría, de amplia y académica formación, cuando no auténticos virtuosos, los excesos típicos y tópicos del rock se reflejan, en el progresivo, no tanto en los clásicos desmanes asociados al sexo, las drogas y demás (con honrosas excepciones, obviamente), sino en la composición y la puesta en escena. En el rock sinfónico lo lírico prima sobre lo sexual, lo intrincado sobre lo rítmico y lo metafórico sobre lo explícito. Con su nacimiento a finales de los sesenta y prácticamente por primera vez, el rock ya no se baila sino que se siente, se experimenta. Se hermana la guitarra eléctrica con la orquesta sinfónica, se amplía lo lisérgico con la improvisación típica del jazz y se complican estructuras hasta entonces inamovibles, alargando el formato clásico de la canción rock hasta límites extenuantes, siempre en busca de nuevos retos, nuevos sonidos.

A lo largo de las siguientes páginas verá el lector, sea neófito o avezado en la materia, cómo y dónde nació el rock progresivo, qué escenas se crearon y destruyeron en su seno y a su alrededor, qué subgéneros alumbró y qué países lo adoptaron con mayor éxito. Hasta llegar, por supuesto, a la guía particular de cada artista en la que el autor ha pretendido ofrecer una panorámica lo más amplia y diversa posible, en lo cronológico y lo geográfico, y en la que comparten espacio estrellas de primer orden junto a actores de reparto, unos y otros imprescindibles para contemplar y entender el lienzo en toda su magnitud.

¿Habrá ausencias? Lamentablemente las hay, como en cualquier guía que no sea infinita, pero como se suele decir, si no están todos los que son, sí son todos los que están. Damas y caballeros, vistan sus mejores galas y ocupen sus asientos en el palco. Bienvenidos al fascinante mundo del rock progresivo.

HISTORIA DEL ROCK PROGRESIVO

Progresivos sin saberlo

Proto-prog (1965-1967)

Como la mayoría de estilos dentro del rock, el progresivo no se creó por ciencia infusa, ni de la noche a la mañana. Desde mediados de los sesenta, unas cuantas bandas desarrollaron e incorporaron a su música uno o varios elementos que más tarde pasarían a formar parte del corpus del estilo, en ocasiones mucho antes de que el término fuera ni tan sólo acuñado.

¿Podemos aún así establecer una fecha aproximada? Digamos que fue hacia 1965 cuando a ambos lados del charco, una serie de artistas –muchos de ellos ya asentados comercialmente– empezaron a querer "complicar" su música, buscando una alternativa a lo que hasta entonces eran unos patrones pop firmemente establecidos y aparentemente intocables. Ya fuera desde el rhythm and blues o desde la incipiente psicodelia y el rock ácido, artistas como The Beatles, The Who, The Pretty Things o The Zombies en las Islas, o Frank Zappa, The Doors, The Beach Boys o Grateful Dead allende los mares, por citar unos pocos, introdujeron en algunas de sus canciones –en mayor o menor medida–, componentes de matriz progresiva: sofisticados desarrollos instrumentales, orquestaciones clásicas, abruptos cambios de ritmo, temáticas conceptuales, etcétera.

No había nacido el rock progresivo como tal, pero fueron esos grupos, su atrevimiento y su interés por experimentar lo que –parcialmente– alumbró e inspiró a toda una nueva generación, en muchas ocasiones apenas unos pocos años más jóvenes, para iniciar una nueva aventura musical que, en 1967, sí cristalizaría en lo que podríamos denominar el kilómetro cero del rock progresivo; los primeros exploradores en avistar tierra. Ese año dos bandas inglesas daban el pistoletazo de salida, poniendo la denominación "rock sinfónico" en boca de todos. The Moody Blues con *Days of Future Passed*, un álbum conceptual que rompió esquemas, y Procol Harum con el *hit* single «A Whiter Shade of Pale» vendían lo indecible, al tiempo que demostraban que el hermanamiento entre rock y música clásica, si sabía hacerse, funcionaba a la perfección. The Nice (la primera banda de Keith Emerson), los Pink Floyd de Syd Barrett o Soft Machine en la aún embrionaria escena de Canterbury fueron otros nombres que hicieron de ese 1967 uno de los años más importantes en la historia de la música del diablo. Se había abierto la veda para "progresar" dentro del rock, para llevar la complejidad en composición e instrumentación a cotas inimaginables poco tiempo atrás, buscando –exigiendo, mejor dicho– credibilidad artística y respeto crítico.

A partir de ahí, los acontecimientos se aceleraron: la prensa y la radio, las salas, las compañías de management y los sellos discográficos empezaron a tomarse aquello muy en serio. Porque cada mes aparecían bandas nuevas e interesantes. A docenas.

Cuando los dinosaurios dominaban la tierra

La época dorada del progresivo (1968-1976)

El Reino Unido –con Londres como obvio epicentro– se convirtió, a partir de 1967, en una cantera casi inagotable de bandas progresivas. Los nombres que en breve acabarían siendo los más grandes dentro del género nacieron a finales de la década: Yes, Genesis, King Crimson, Jethro Tull, Van der Graaf Generator o Emerson, Lake & Palmer inauguraron sus carreras y discografías antes de 1970, aunque en muchos casos sus primeros pasos fueron un tanto dubitativos, esbozos y borradores de las obras maestras que no tardarían en firmar.

Y no pocos lo hicieron a rebufo del debut que asentó las bases del prog, el disco que tomó las claves apuntadas hasta aquel momento y las cristalizó en una obra capital, un manifiesto fundacional indiscutible. Hablamos por supuesto de King Crimson y su *In The Court of The Crimson King*, que en 1969 dio las pautas básicas a las que se aferrarían incontables coetáneos. A partir de ese momento y con el cambio de década los trabajos fundamentales del estilo irían desgranándose a un ritmo abrumador, ganándose el aplauso de la crítica y recibiendo entusiastas respuestas del público, que aupaba los elepés a los primeros puestos de las listas al poco de editarse. La audiencia recibía con los brazos abiertos a todos esos nuevos grupos, los discos se vendían por decenas de miles, los recintos que albergaban sus directos eran cada vez más y más grandes y los espectáculos más y más grandilocuentes.

Había nacido la era de los grandes dinosaurios en Inglaterra, ya fuera en el terreno del hard blues y el heavy rock (Led Zeppelin, Deep Purple, Uriah Heep, Free…) como en el del progresivo (junto a los citados al inicio cabría añadir a Pink Floyd, Camel, Traffic, Gentle Giant o Curved Air). Todo se hacía a un nivel mastodóntico. Las canciones, los discos, las giras, todo parecía obedecer a un "cuanto más grande, mejor". Un ecosistema ideal para que los grupos de prog dieran lo mejor de sí mismos, porque si algo no cuadra con las orquestaciones clásicas, las *suites* de veinte minutos y los triples discos en directo es un presupuesto ajustado o una actitud timorata.

En cualquier caso y paralelamente a la corriente que podríamos llamar "generalista", esto es, todas aquellas bandas adscritas al progresivo de raíz clásica aún cada una con sus particularidades, dos fenómenos aledaños merecen mención aparte en cuanto a Gran Bretaña: la escena de Canterbury, por un lado, y el folk-prog por otro.

A Canterbury Tale

Si Londres era, circa 1969, la meca del rock sinfónico, una pequeña ciudad universitaria en el condado de Kent se convertiría en una escisión del fenómeno, una especie de ciudad-estado independiente que, aún dentro de los parámetros progresivos, conseguiría crear su propio sello. Hablamos de Canterbury y del sonido que generó desde finales de los sesenta hasta mediados de la siguiente década. Una música que, sin desdeñar el componente clásico inherente al grueso de bandas fuera de sus muros, centró sus intereses en la mezcla de rock y jazz, añadiéndole ciertas pinceladas psicodélicas. Con Wilde Flowers como embrión, fue la suya una escena eminentemente endogámica, con la mayoría de sus músicos saltando de una banda a otra, escindiéndose y reagrupándose, manteniendo las formaciones en activo durante años o limitándose a proyectos puntuales, siempre con un fuerte espíritu comunal y una clara tendencia hacia la improvisación. Soft Machine la inauguraría en 1966, de forma oficiosa, y tras ellos (o junto a ellos mejor dicho) proliferarían una serie de nombres básicos para entender buena parte del rock progresivo británico más arriesgado y vanguardista: Caravan, Matching Mole, Egg, Quiet Sun, Hatfield and the North, Gong, National Health…y en su seno un listado de nombres propios tal vez menos "famosos" que los de los dinosaurios consagrados, pero igualmente imprescindibles: Daevid Allen, Robert Wyatt, Steve Hillage, Richard y David Sinclair, Hugh Hopper, Kevin Ayers…todos ellos músicos clarividentes, cuando no visionarios, cuyo legado e importancia son indiscutibles.

Folk-prog, la acidez acústica

La relación entre folk y rock, ámbitos cerrados el uno al otro durante años y que tuvo su particular epifanía tras la famosa "electrificación" de Dylan, no fue ajena al auge del progresivo. Ciertos artistas ya habían hermanado un poco antes los sonidos acústicos con el pachuli y las influencias orientales, caso del trovador escocés Donovan o la Incredible String Band, pero en el cambio de década diversos artistas folk vieron en la complejidad instrumental del pujante rock progresivo una opción de llevar el psych-folk un paso más allá.

El resultado fue una hornada de bandas que no llegaron a alcanzar nunca el estatus de sus mayores (Fairport Convention, The Pentangle o Steeleye Span) pero que dejaron para el recuerdo y solaz de los aficionados una serie de obras exquisitas, menores en reconocimiento pero no en calidad; miniaturas de una precisión asombrosa en las que el virtuosismo habitualmente asociado a la instrumentación amplificada se revela, de la mano de instrumentos acústicos tradicionales –y eléctricos con sordina–, sorprendentemente eficaz.

Grupos como Mellow Candle, Comus, Trees, Tudor Lodge, Magna Carta o Spirogyra (estos últimos asociados tangencialmente a Canterbury), con su particular concepto de lo progresivo, ayudaron a ampliar y expandir el género, dotándolo de nuevos matices y demostrando, una vez más, lo heterogéneo de su carácter.

¿Y el Viejo Continente?

La onda expansiva generada en las Islas Británicas no afectó, en los años de máxima eclosión, a todos los países por igual. Si por un lado su influencia en Estados Unidos fue escasamente significativa, en ciertos países europeos sí caló, aunque en proporciones desiguales. Escandinavia y los Países Bajos vieron algún nombre destacable (los holandeses Focus muy especialmente), al igual que Francia o Grecia, pero hubo tres países en los que el rock progresivo en los setenta tuvo una importancia capital, generando estilos propios y particulares: Alemania, Italia y, en menor medida, España. Centrémonos en los dos primeros, pues el último dispone en esta guía de capítulo aparte.

Alemania y su música cósmica

Aunque el término *krautrock* ha terminado por englobar toda la música progresiva facturada en Alemania desde finales de los sesenta, en esencia se refiere tan sólo a la rama más experimental de la misma. Cierto es que hoy se engloba en el kraut a bandas claramente deudoras del progresivo anglosajón (Novalis, Eloy, Jane, Anyone's Daughter…) o inscritas en un hard rock de corte primigenio (Kin Ping Meh, Night Sun), pero si algo definió el progresivo germano fue la camada de grupos influenciados por el jazz, la música concreta, el minimalismo y el *avant-garde*. Una escuela de artistas

–no pocos surgidos de comunas libertarias– que a través del riesgo y la experimentación, tomando las innovaciones técnicas y los avances en los estudios de grabación como herramientas instrumentales, lograron dar forma a esa *Kosmische Musik* abstracta y maquinal, germen de la música electrónica y el ambient, del afterpunk, el noise y el post rock entre otros estilos. Son nombres como Can, Guru Guru, Faust, Neu! o Amon Düül II los que, con su deconstrucción de la psicodelia, sus *collages* sonoros y sus devaneos electrónicos hicieron del rock de vanguardia alemán no sólo un punto y aparte en la escena progresiva europea, sino un referente fundamental cuya influencia se extendió durante décadas y puede detectarse aún hoy día, sin dificultad, en numerosos artistas.

RPI, subgénero propio

La tensión política en Italia desde finales de los sesenta, los llamados "años de plomo", que se prolongó más de una década, movieron a un buen número de jóvenes a buscar una alternativa musical (y artística en general) al clima de violencia imperante. Provenientes muchos de ellos de grupos beat ya existentes, bandas influenciadas por la música pop anglosajona (Beatles, Stones, Yardbirds, Manfred Mann…), a partir de 1970 derivaron su sonido hacia una muy particular interpretación del sinfonismo que igualmente llegaba de Inglaterra. Pero aunque las influencias de algunas bandas (Genesis y Yes principalmente) son innegables, el Rock Progresivo Italiano (RPI) muy pronto adquirió una personalidad propia, asumiendo su propia herencia clásica y romántica y dando lugar a una verdadera fiebre sinfónica que hizo del primer lustro de los setenta una época irrepetible en la historia del rock italiano.

Con la extraordinaria repercusión que obtuvo en 1971 *Collage*, tercer disco de Le Orme, se inauguraba un mágico y fértil periodo durante el cual surgirían todos los grandes nombres de la escena: los propios Le Orme, Premiata Forneria Marconi, New Trolls, Banco del Mutuo Soccorso, Il Balletto di Bronzo, Museo Rosembach y un largo etcétera. Un boom que acaso murió de éxito, excediendo la oferta una demanda que, si bien existente y numerosa, no podía absorber toda la nueva música que aparecía a ritmo vertiginoso. Así, conforme se acercaba el cambio de década y a causa de este y otros factores, el RPI fue perdiendo fuelle hasta prácticamente desaparecer.

Dejemos no obstante que sea el guitarrista de PFM, Franco Mussida, quien cierre este segundo capítulo definiendo de forma sucinta y diáfana qué fue el rock progresivo en general, y el italiano en particular: "El progresivo

es básicamente una mezcla de tres elementos: el canto, la improvisación inspirada por el jazz y la composición en estilo clásico. Este cóctel se interpreta
de manera distinta en cada país. En Inglaterra, por ejemplo, prevalece la
influencia celta, el rock y el blues. En Italia hemos de hacer frente a nuestra
tradición clásica: el melodrama, Respighi, Puccini, Mascagni, pero también
a todos los compositores clásicos contemporáneos. Es en este legado, en mi
opinión, donde se oculta la especificidad del rock progresivo italiano".

La gran glaciación

El meteorito punk y otros impactos (1977-1980)

Una de las principales razones (aunque no la única) para la brutal irrupción
del punk en el panorama musical británico –y por extensión, europeo– en
1977 fue el hartazgo de buena parte de la juventud frente a un rock que con-
sideraban caduco, decadente y sobredimensionado. Los grandes dinosaurios
–no sólo progresivos– se habían vuelto acomodaticios y ridículamente grandilocuentes, la industria estaba copada por artistas cuyo mejor momento
ya había pasado y las grandes estrellas seguían funcionando con el piloto
automático.

La nueva generación demandaba riesgo, contestación, rebeldía. Un retorno a la sencillez y el peligro del rock primigenio, en definitiva, pero todo
lo que encontraban eran 'bandas viejas', multimillonarias y con el talento en
punto muerto. El caldo de cultivo perfecto para un fenómeno como el del
punk, que ponía sobre el tapete la posibilidad –hasta entonces una quimera– de formar una banda y entrar en un estudio de grabación con mínimos
conocimientos musicales y aún más mínimos billetes en el bolsillo. Ya no era
necesaria una gran maquinaria detrás (compañía, *management*, etcétera) para
tocar rock'n'roll y hacerlo llegar al gran público. El famoso DIY (do it yourself), que sumado a unas buenas dosis de cinismo, cabreo y nihilismo (y a
unos cuantos mánagers y publicistas de lo más avispado, tampoco pequemos
de ingenuos) se llevó por delante lo que aún quedaba en pie de la primera
camada progresiva.

Pero otorgarle a los Sex Pistols, The Damned, The Clash, Buzzcocks
y demás parentela toda la responsabilidad por la aniquilación del primer
prog no sería del todo justo, ni tampoco cierto. La realidad es que desde
mediados de década en las grandes bandas sinfónicas había ido menguando,
paulatinamente, la inspiración y la frescura, el empuje y la imaginación. Los
grandes –y no tan grandes– grupos habían entregado ya sus mejores traba-

jos, en muchos casos las entradas y salidas de personal los veían en su cuarta
o quinta formación, y una gran parte de ellos se veía incapaz de evolucionar
dentro del estilo, repitiendo esquemas ya conocidos o buscando alternativas
que rara vez encajaban con lo propuesto hasta entonces. Con lo cual sí, los
aires de cambio y la irrupción de los muchachos del imperdible barrieron
a los dinosaurios casi en su totalidad, pero lo cierto es que a la mayoría los
encontraron débiles y exhaustos, cuando no directamente comatosos.

La consecuencia fue doble. Por un lado, aquellos que sólo esperaban el
escalpelo, agotados y aburridos, se contentaron con ofrecer la nuca y desaparecer. Otros, los más fuertes, se negaron a rendirse, pero por desgracia y
salvo honrosas excepciones, fue peor el remedio que la enfermedad. Porque
si algo no supieron la mayoría de bandas prog fue adaptarse a los nuevos
tiempos, reciclándose en combos impersonales, abrazando lo peor de las
nuevas tecnologías y producciones y queriendo –con más pena que gloria–
subirse al tren de los nuevos sonidos que, aparte del punk, pusieron banda
sonora al ocaso de los setenta. Así, los intentos de sonar más accesibles y comerciales abrazando el post punk, la new wave o la música disco se saldaron,
casi siempre, en negativo y, en consecuencia, los ochenta fueron mayormente una larga y penosa travesía por el desierto. Un desierto en el que, ahora
sí, los últimos supervivientes progresivos dejaron sus huesos calcinándose al
sol, rodeados de unos pocos y últimos discos que no vale la pena agenciarse
ni a euro el kilo. Sólo unos pocos, poquísimos, lograron atravesarlo, y de sus
aventuras durante aquellos años tampoco es que se puedan cantar alabanzas.

Pero no todo fueron malas noticias para los aficionados al prog. Si la primera generación había quedado diezmada, el inicio de los ochenta vio el renacer del género desde una óptica novedosa, comandada por sangre nueva.
Una serie de jóvenes bandas en el Reino Unido – ¿dónde si no?– retomarían
las enseñanzas de sus mayores allí donde era menester y, combinándolas
sabiamente con un sentido de la modernidad respetuoso con la tradición,
protagonizarían un segundo advenimiento progresivo que se extendería
prácticamente durante toda la década, e incluso, en el caso de los más perseverantes, hasta el día de hoy.

Un nuevo amanecer

Rock neo-progresivo (1981-1987)

Aunque algunas de las bandas que protagonizarían el resurgir del rock progresivo en los años ochenta se formaron a finales de los setenta, fue apro-

ximadamente en 1981 cuando se empezó a hablar de una nueva generación progresiva, tomando carta de naturaleza un par de años más tarde con la publicación de *Script For a Jester's Tear* de Marillion y *Tales from The Lush Attic* de IQ. Llegaron entonces casi de inmediato las primeras –y muchas veces las más reconocidas– grabaciones de Pendragon, Pallas, Twelfth Night, Quasar y un largo etcétera de bandas que conformarían una escena propia, circunscrita casi por entero al ámbito británico, aunque con eco en algunos otros países al cabo de los años.

Un sonido nuevo, que por descontado echaba la vista atrás, hacia los padres del invento, y muy especialmente hacía las obras tardías de estos (y su concepto de la teatralidad en escena), pero que incorporaba nuevos elementos a la vez que se desprendía de otros. Así, los músicos de neo-prog eliminaron prácticamente por completo el jazz (y la improvisación inherente al mismo) y el folk de la ecuación final, acortando la duración de los temas en una vuelta al formato clásico de canción rock. No prescindieron de las *suites* y los discos conceptuales, pero sí limitaron los mismos, al tiempo que se olvidaban de las viejas tecnologías analógicas (moogs, mellotrones) para basar su sonido en la guitarra eléctrica y los nuevos sintetizadores digitales. El resultado fue un progresivo más directo y afilado, con estructuras ligeramente más convencionales y un indisimulado gusto por la melodía, que picoteaba además en ciertos estilos hasta aquel momento poco habituales o inexistentes en el género como el funk, el heavy metal o el punk.

Con el éxito de *Misplaced Childhood* de Marillion en 1985, que llegó a lo alto de las listas británicas tanto de elepés como de singles, el neo progresivo alcanzó su máxima popularidad. A partir de entonces llegaron las primeras disoluciones, al tiempo que otras bandas (Jadis, Galahad…) entraban en el juego. De hecho el año 1987 que hemos configurado en el subtítulo de este apartado como estación término del movimiento no es tal, y el autor lo ha incluido como referencia más o menos aproximada de lo que fue el final del neo-prog en cuanto a popularidad en su periodo 'clásico'. Pero la verdad es que a lo largo de los noventa, lejos ya de su momento de máximo esplendor, el neo progresivo siguió adelante con salud más que envidiable, con nombres nuevos (Arena como referencia ineludible) y también con reunificaciones asombrosamente efectivas, hasta que con el cambio de milenio tan sólo unos pocos supervivientes de aquella escena continuaron adelante, manteniendo unas pautas básicas en cuanto al sonido original, pero a la vez bebiendo de otras fuentes, ya provinieran éstas del rock alternativo o del metal, de la new age o la world music.

Visto desde la perspectiva actual el rock neo-progresivo en los ochenta se revela necesitado de una reivindicación urgente, por cuanto ha quedado en parte del imaginario colectivo como un curioso y efímero fenómeno coyuntural, lastrado en general por unas producciones –las típicas de la época– de todo menos orgánicas. Cuando lo cierto es que, pese a no alcanzar ni mucho menos el nivel de excelencia e importancia histórica de los primeros setenta, dejó una serie de discos y actuaciones memorables, obras capitales que no pueden ni deben faltar en la colección de ningún aficionado que se pretenda riguroso.

La tercera ola

Nuevos y viejos dinosaurios, la escena escandinava, prog-metal...
(1987-2017)

A finales de los años ochenta ocurrieron muchas cosas en el mundo del rock en general y del progresivo en particular. Por un lado algunos viejos dinosaurios en hibernación despertaban con fuerzas renovadas: en 1987 Jethro Tull recuperaban, con *Crest of a Knave*, parte del crédito perdido; ese mismo año Pink Floyd publicaban *A Momentary Lapse of Reason*, seguido de una triunfante gira mundial; Yes reunirían a la mayor parte de su elenco clásico con el proyecto *Anderson Bruford Wakeman Howe* en 1989... Buenas noticias todas ellas para los aficionados a un género que, en los últimos años, había mantenido el estándar de calidad gracias al neo-prog, pero que en su mayoría ansiaban productos como los citados. Discos que recuperaran la magia de los primeros setenta, si no íntegramente, sí al menos en parte, y la consecuente posibilidad de ver a esos artistas en directo. Para muchos de esos aficionados, por lógicas cuestiones de edad, por primera vez.

Por otro lado en 1987 aparece en escena el británico Steven Wilson con sus Porcupine Tree, y con él toda una nueva concepción del rock progresivo que abrazará y abarcará múltiples tendencias, convirtiéndose en faro y guía de todo un nuevo contingente de artistas. Una figura capital que, junto al sueco Roine Stolt y el estadounidense Neal Morse unos pocos años más tarde, conformará la espina dorsal de esa comúnmente llamada 'tercera ola' que redefiniría el rock progresivo en las postrimerías del siglo XX y en la primera década del nuevo milenio. Genios multiinstrumentistas y multidisciplinares, tutores y mentores de decenas de otras bandas aparte de las suyas propias y sin cuyas aportaciones no puede entenderse la evolución del género hasta el día de hoy.

En 1988 también eclosiona en Estados Unidos un nuevo subgénero que marcará asimismo buena parte del futuro del rock progresivo, llegando hasta la actualidad en un estado de forma asombroso y captando nuevas generaciones de aficionados: el metal progresivo. De la mano de discos como *No Exit* de Fates Warning y el fundamental *Operation: Mindcrime* de Queensryche, el público metálico accedía a estructuras progresivas que en ningún caso renunciaban a la contundencia básica del estilo, al tiempo que muchos aficionados al prog descubrían un nuevo y prometedor camino, básicamente sin explorar. Un camino al que contribuiría definitivamente una banda cuyo nombre se ha convertido en sinónimo de fiabilidad, referente asimismo de la tercera ola: Dream Theater, que con *Images and Words* inauguraba en 1992 una carrera ejemplar, espejo en el que buscarán reflejarse docenas y docenas de nuevos grupos, tratando de encontrar la fórmula mágica, mezcla de contundencia y virtuosismo, que ha hecho de los bostonianos un nombre a la altura de los clásicos.

La década de los noventa vio pues cómo el rock progresivo se nutría del metal –en sus diversas categorías– y del rock alternativo de corte más rotundo para conseguir de ese modo una nueva vía que, a la postre, se revelará como una de las más exitosas en términos de aceptación y ventas, desde los lejanos días de los setenta. Exitosa y longeva, pues son ya tres décadas las que lleva en activo sin visos de agotamiento; al contrario, el propio subgénero se ha retroalimentado y multiplicado, escindiéndose a su vez en nuevos subestilos siempre respetando los cimientos progresivos y el andamiaje metálico.

Y un tercer e inopinado escenario contribuyó, desde una asumida voluntad retro, al resurgir del progresivo en los noventa: Escandinavia. Más concretamente Suecia, a partir de la creación de la Swedish Art Rock Society. Creada por el músico Pär Lindh en 1991, esta especie de asociación/fundación, nacida con la voluntad de rescatar los valores y patrones del rock progresivo clásico, fue fundamental a la hora de dinamizar una escena que, desde el más estricto underground, acabaría creando escuela e influenciando a numerosas bandas en años posteriores, dentro del prog e incluso en terrenos alternativos. A su sombra nacieron y/o se desarrollaron nombres como Anekdoten, Landberk, Änglagård o la propia banda del fundador, Pär Lindh Project. Recuperando el sonido denso de los setenta, desempolvando el mellotron como pieza fundamental del sonido prog y revistiendo su música de dramatismo y oscuridad, las bandas citadas tuvieron –a excepción de Anekdoten–, carreras más bien cortas, pero los discos que editaron pronto se convirtieron en piezas de culto, mezclando el revival con aportaciones contemporáneas.

Fue ésta tal vez la última escena como tal en el mundo del progresivo, en cuanto a confluencia de bandas similares en un tiempo y un lugar concretos. Varios de sus protagonistas continúan en activo en bandas de renombre, caso del guitarrista de Landberk, Reine Fiske, al frente hoy día de bandas como Dungen o The Amazing, magníficos combos entre el indie y la nueva psicodelia que no renuncian a ciertos destellos prog, aunque lejos de sus orígenes.

En los últimos años el mundo del progresivo ha seguido adelante con una salud que muchos ni siquiera podían prever en los años más duros y aciagos para el género. Cada vez más ecléctico, cada vez más global, el prog rock actual toca todas las teclas habidas y por haber y sigue incluso descubriendo otras nuevas, intactas hasta el momento. Estados Unidos, Europa, Latinoamérica…en docenas de países existen y se crean grandes grupos, proliferan festivales genéricos en ambos continentes, el público crece o, en el peor de los casos, se mantiene más que suficiente para sustentar las distintas ofertas, propiciando a su vez un relevo generacional que (por desgracia), no se da en otros ámbitos del rock.

¿Cuál será su futuro? No nos corresponde a nosotros en cualquier caso augurar tendencias en ese sentido. Lo que sí creemos poder responder es a la pregunta ¿existe un futuro para el rock progresivo?

Con un sí rotundo.

Porque allí donde cualquier músico de rock sienta la necesidad de experimentar, innovar y encontrar nuevas fórmulas para no estancarse, el rock progresivo continuará adelante. Porque un género que ha sobrevivido a tantos avatares, llegando a este momento con tanta salud y energía, no puede sino avanzar. Y porque en definitiva, como sabiamente resumía el maestro Ian Anderson: "el progresivo en realidad nunca desapareció. Tan sólo se echó una siesta a finales de los setenta. Una nueva generación de fans lo descubrió, y toda una nueva hornada de bandas y artistas lo llevaron hacia el nuevo milenio".

GUÍA DE ARTISTAS

A

THE ALAN PARSONS PROJECT

El productor como protagonista

1975

Londres, Inglaterra

Cuando a mediados de los setenta Alan Parsons decidió crear su propio proyecto musical, ya era un reputado productor e ingeniero de sonido, que había trabajado en discos del calibre de *Abbey Road* (1969) y *Let It Be* (1970) de los Beatles o en *The Dark Side of The Moon* (1973) de Pink Floyd.

Harto de tener que acomodar su opinión y su iniciativa a los designios de los artistas para los que trabajaba, Parsons encontró en el escocés Eric Woolfson –también compositor, a la vez que teclista y cantante– al perfecto compañero de viaje. Tomando como ejemplos a Hitchcock o Kubrick, autores totales por encima de sus actores e incluso de sus propias obras, buscaron trasladar dicha filosofía al rock.

Su debut, *Tales of Mystery and Imagination* (1976), basado en relatos de Edgar Allan Poe, fue creado pues como un disco 'de productor'. Con la ayuda de diversos músicos de Pilot y Ambrosia (bandas en su órbita como ingeniero), el debut de la pareja rehúye un eventual enfoque gótico para centrarse en los sintetizadores y en los pasajes instrumentales, incluyendo varios recitados. Se dice, además, que el tema «The Raven» fue la primera canción rock en la que se usó un vocoder.

El álbum tuvo un notable impacto y, tras fichar por Arista, Parsons y Woolfson continuaron adelante grabando una serie de álbumes en los que, a su particular sentido del sinfonismo, añadían una infalible habilidad para el single comercial. En esa línea, *I Robot* (1977), *Pyramid* (1978), *Eve* (1979), *The Turn of a Friendly Card* (1980) o *Eye in the Sky* (1982) no renunciaban abiertamente al concepto progresivo con el que se habían dado a conocer, pero a la vez incluían todos ellos una serie de sencillos inequívocamente pop que daban el contrapunto adecuado.

Contando siempre con un nutrido grupo de músicos de sesión y vocalistas como colaboradores habituales, el proyecto de Parsons iría perdiendo fuelle a partir de la segunda mitad de los ochenta, hasta que con *Gaudi* (1987) – basado en la obra del famoso arquitecto catalán– cerraron la persiana. No había de ser así, pues ambos escribieron aún un nuevo álbum conceptual sobre la vida y obra de Sigmund Freud, significativamente titulado *Freudiana* (1990), que finalmente –y ya como ópera rock– se convirtió en el canto del cisne (no oficial, eso sí) del Project. A partir de ese momento tanto uno como otro continuaron con sus carreras por separado sin haber podido reeditar, ni de lejos, el éxito y los logros artísticos alcanzados durante sus años de colaboración.

AMON DÜÜL II
La semilla del krautrock
1968
Munich, Alemania

Amon Düül II, como su nomenclatura indica, fue una escisión de los Amon Düül originales, una comuna político-artística de carácter radical surgida en Munich en 1967. Formada por estudiantes de extrema izquierda, llevaban a cabo un rock de corte psicodélico basado en la más libre improvisación. Una libertad que se trasladaba a la formación de la 'banda'. En pocas palabras, todo aquel que formaba parte de la comuna podía formar parte del grupo, sin tomar en consideración su habilidad ni sus conocimientos musicales.

Pero una parte de la comuna tenía ambiciones más profesionales y en consecuencia, cuando surgió la oportunidad de grabar, algunos de ellos se escindieron para formar Amon Düül II. Los disidentes eran Chris Karrer (guitarra y violín), Falk Rogner (teclados), John Weinzierl (guitarra, piano), Dave Anderson (bajo), así como dos baterías –Peter Leopold y Dieter Serfas– más Renate Knaup aportando segundas voces. Su primer álbum, *Phallus Dei* (1969), se considera –junto al debut de Can, *Monster Movie* (1969) – como el kilómetro cero del krautrock. Por aquel entonces tocan en directo casi a diario, allí donde les llaman o les dejan. La edición del disco les proporciona además la posibilidad de girar más ampliamente, compartiendo escenario con Tangerine Dream y otros nombres emergentes.

Sus dos siguientes trabajos, –*Yeti* (1970) y *Tanz der Lemminge* (1971) –, ambos editados como elepés dobles, les muestran como una de las bandas más originales y transgresoras del pujante rock progresivo alemán, mezclando puntuales pasajes folk con *jams* de tono espacial, adquiriendo cada vez más notoriedad sin por ello renunciar a la experimentación. Algo que sí harían en sus dos siguientes trabajos. Tanto *Carnival in Babylon* como *Wolf City*, editados ambos en 1972, apostaban por temas más cortos y estructurados, en detrimento de los extensos y muchas veces improvisados desarrollos instrumentales de sus tres primeros discos. ¿Se habían vuelto más convencionales tal vez? Eso sería mucho decir, de hecho en temas como «Jail-House Frog» o «Deutsch Nepal» seguían mostrándose irreductibles, pero el creciente éxito tanto en casa como en el Reino Unido sí les domesticó, en cierto modo.

Su producción a partir de ese momento –tras el directo *Live in London* (1973) – y hasta su disolución en 1981 con el LP *Vortex* se mantiene estable en calidad, pero lejos ya de la maravillosa locura de sus primeros años. Dos reuniones puntuales en 1994 y 2009 dejaron sendos álbumes como nota a pie de página.

ANATHEMA
Un estilo en sí mismos
1990
Liverpool, Inglaterra

Tras un breve periodo bajo el nombre de Pagan Angel, Anathema surgió en la escena *death/ doom* de principios de los noventa con una fuerza inusitada. Los tres hermanos Cavanagh (Vincent y Daniel a las guitarras y Jamie al bajo) más el cantante Darren White y el batería John Douglas llamaron la atención del público metálico con dos demos y un pronto contrato con Peacevile Records. El EP *The Crestfallen* (1992) y su primer larga duración *Serenades* (1993) les consiguen atención mediática, la MTV emite sus videos y el grupo se embarca en una primera gira europea, tras la cual Darren abandona el barco, ocupando Vincent su puesto. Un cambio que redunda en voces más limpias (menos guturales) y arreglos más melódicos en su segundo disco, *The Silent Enigma* (1995).

Pero conforme se acercaba el final de la década, Anathema fueron alejándose cada vez más de su sonido primigenio. Firman con Music for Nations e inauguran con *Eternity* (1996) un cambio en su sonido, que confirmarán con *Alternative 4* (1998) y *Judgement* (1999), acercándose al metal gótico y aumentando el tono atmosférico y depresivo de sus temas, cada vez más alternativos y menos metálicos.

Tras dos discos más a principios del nuevo milenio, notables ambos, se embarcan en un tour europeo con un directo en el que cada vez priman más los aspectos intrincados y crecientemente progresivos. Pero en 2004 Music For Nations cesó su actividad y la banda se quedó sin compañía, una circunstancia que aprovecharon –a la vez que buscaban nuevo sello– para explorar (y explotar) las posibilidades de internet en cuanto a distribución y promoción de su música.

Siete años después de su último trabajo, la banda anuncia el lanzamiento de *Because We're Here* (2010), a la vez que incorporan a Lee Douglas, hermana de John, como cantante. Plenamente instalados en un indiscutible progresivo contemporáneo (no es casualidad que el disco fuera mezclado por Steven Wilson), vuelven a reinterpretar parte de su cancionero en versiones orquestales –como ya hicieron con *Hindsight* (2008) en clave acústica– en el disco *Falling Deeper* (2011), al que seguirán *Weather Systems* (2012), *Distant Satellites* (2014) y *The Optimist* (2017), que sumados al doble directo *Universal* (2013), grabado en 2012 en el antiguo teatro romano de Plovdiv junto a la Orquesta Filarmónica de la ciudad, siguen creando una fascinante banda sonora, basada en un rock progresivo tan particular que casi podría decirse que es un estilo en sí mismo.

ANEKDOTEN
La oscuridad visible
1991
Borlänge, Dalarnas Län, Suecia

A principios de los noventa surgió una significativa hornada de bandas escandinavas que se inspiraban en el progresivo de los setenta en general y en King Crimson en particular. Una de ellas, nacida en 1990 como banda de versiones de los de Fripp, era King Edward. El guitarrista Nicklas Berg y el bajista y vocalista Jan Erik Liljeström, junto al batería Peter Nordins se dedicaban básicamente a las covers de Crimson hasta que en agosto de 1991 Anna Sofi Dahlberg (chelo, teclados) se une al combo y, tras cambiarse el nombre a Anekdoten, empiezan a grabar una serie de demos con material propio hasta conseguir editar *Vemod* (1993), que presentarán en directo en un extenso tour que les lleva por media Europa y les hace cruzar el charco para ofrecer conciertos en Estados Unidos y Canadá.

Caracterizados por practicar un rock progresivo denso y oscuro, con fuerte presencia tanto del mellotron como de un bajo en la frontera de lo metálico, con su segundo disco –*Nucleus* (1995) – vuelven a girar por Europa durante la segunda mitad de 1996, llegando hasta Japón al año siguiente para ofrecer tres shows que serían posteriormente editados en un doble CD titulado *Oficial Bootleg: Live In Japan* (1998).

A finales de 1998 Berg y Nordins aparcan por un momento a la banda para, junto a sus compatriotas Stefan Dimle y Reine Fiske de Landberk, dar vida a un curioso proyecto: un disco de versiones de temas clásicos del cine de terror. Bautizados como Morte Macabre, la grabación resultante llevó por título *Symphonic Holocaust* (1998) y queda como un experimento un tanto bizarro pero ciertamente interesante.

De vuelta al seno de Anekdoten, entre agosto y septiembre de 1999 graban su siguiente trabajo. El resultado –*From Within* (1999) – fue su mejor álbum hasta la fecha, una sinfonía repleta de inspiración y creatividad, en la que introdujeron todo tipo de instrumentos: Wurlitzer, vibráfono, Fender Rhodes, Hammond...

Tras un tiempo en barbecho, la banda grabaría su cuarto disco –*Gravity* (2003) – y saldrían de nuevo de gira en una vorágine de tres años por medio mundo. *Gravity* supuso un cierto cambio, sonando más acústicos y atmosféricos de lo habitual, en el que se vieron influencias de artistas contemporáneos alejados del progresivo como Radiohead o PJ Harvey.

Con *A Time Of Day* (2007) y el largamente esperado *Until All the Ghosts Are Gone* (2015) volverían no obstante a su sonido más clásico, confirmándose como una de las bandas más en forma del género en la actualidad.

ANGE

Sólo para gourmets

1969

Belfort, Francia

Uno de los platos fuertes del menú sinfónico francés, Ange se originó a partir de los hermanos Décamps, Francis y Christian. Teclistas ambos, el segundo asumiría asimismo el rol de cantante a la vez que completaban la primera formación con el guitarrista Jean-Michel Brézovar, el bajista Daniel Haas y el batería Gérard Jelsh.

Influenciados tanto a nivel musical como escénico por King Crimson y muy especialmente por Genesis, ya en sus primeras grabaciones combinaron el influjo sinfónico de los ingleses con la música popular francesa, añadiendo una interpretación vocal cargada de teatralidad y (melo)dramatismo. No es casualidad pues que su primer éxito importante les llegara de la mano de «Ces gens-là», una versión de Jacques Brel que abría su segundo disco *Le Cimetière des Arlequins* (1973).

Al año siguiente editarían la que se considera su obra maestra, *Au-delà du Délire*, en el que, como en buena parte de su producción en esa década, usaron un órgano Viscount modificado para semejar un mellotron, lo que añadía un plus de personalidad a su sonido. Tras el éxito de ese tercer traba-jo, sus discos hasta 1980, en especial los dos primeros –*Émile Jacotey* (1975) y *Par les fils de Mandrin* (1976) – más el directo *Tome VI: Live 1977* (1977) son igualmente esenciales para comprender y apreciar el rock sinfónico francés.

La barrera idiomática les impidió triunfar en el mercado anglosajón, aun intentándolo con una versión en inglés de su disco de 1976, retitulado *By the sons of Mandrin*, que finalmente quedó sólo en un proyecto (aunque sería finalmente editado *comme il faut* por el sello Musea en 2003). En su país, no obstante, seguían vendiendo muy bien y actuando para miles de personas en cada show.

Pero a partir de *Guet-Apens* (1978) y a lo largo de los ochenta sólo quedarían los dos hermanos como miembros originales, facturando una serie de discos que buscaban la comercialidad, endebles y prescindibles la mayoría, hasta que en 1989 Brézovar y Haas vuelven al seno de la banda. Dos nuevos discos –*Sève Qui Peut* (1989) y *Les Larmes Du Dalaï Lama* (1992) – elevan un poco el nivel pero no recuperan a los viejos fans, así que en 1995 abandonan tras una gira de despedida.

Christian reformaría a la banda en 1999, esta vez con su hijo Tristan –con quien ya había grabado varios discos como Christian Décamps et Fils– en vez de con su hermano Francis, y ha seguido editando discos desde entonces bajo el nombre de Ange, llegando a actuar en la edición de 2006 del NEARfest.

ÄNGLAGÅRD

Brumas nórdicas

1991

Estocolmo, Suecia

Verano de 1991. Mientras la mitad del orbe está pendiente de lo que ocurre en Seattle, dos jóvenes suecos –el guitarrista Tord Lindman y el bajista Johan Högberg– publican un anuncio buscando miembros para una nueva banda que rememore el sonido clásico de los dinosaurios progresivos de los setenta. Thomas Johnson (teclados) y Jonas Engdegård (guitarra) responden al requerimiento, congeniando todos al momento. Empiezan a ensayar de inmediato, y con la adición de Mattias Olsson como batería y de la flautista Anna Holmgren quedan constituidos como sexteto.

Con el bagaje de numerosos conciertos y no menos demos caseras grabadas en los meses anteriores, entran en los estudios Largen para dar forma al que será su primer disco. El tono oscuro de *Hybris* (1992), con su mezcla de sonido añejo y contemporáneo y los pasajes de mellotrón y hammond combinados con el particular tono de la travesera consiguieron una magnífica respuesta de los aficionados y la prensa especializada, aupando su nombre al primer puesto del revival prog escandinavo y propiciando que la banda fuera incluida en el cartel del Progfest de Los Angeles en mayo de 1993.

Tras grabar el tema «Gånglåt från Knapptibble» para ser regalado como single en la mítica revista británica *Ptolemaic Terrascope*, la banda se embarca a finales de año en una serie de fechas por México y Estados Unidos. De vuelta en casa, pasan el verano siguiente grabando su segundo trabajo. En *Epilog* (1994) lo sombrío se intensifica, al igual que lo agresivo, al tiempo que se abandonan las –escasas– partes vocales de su producción hasta ese momento para ofrecer un álbum enteramente instrumental.

El título del álbum se revelaría premonitorio pues la banda ya se estaba descomponiendo en aquellos momentos, separándose definitivamente tras actuar de nuevo en el Progfest, esta vez como cabezas de cartel. El show se editaría en 1996 bajo el título de *Buried Alive*.

El año 2002 vio una fugaz resurrección de la banda, con Tord Lindman ausente de la misma. Unos pocos conciertos y festivales y de nuevo a la reserva hasta el año 2008 en que toda la banda se reunió de nuevo. Tras un periodo de nuevos ensayos Lindmarn no continuó, pero el resto de miembros originales siguió adelante. Escriben nuevo material, vuelven al NEARfest de Pennsylvania en 2012 (donde ya habían triunfado en la edición de 2003) y finalmente graban y publican en junio de ese mismo año *Viljans Öga*, su tercer disco, tan bien recibido como los dos anteriores.

ANYONE'S DAUGHTER
Gente con clase
1972
Stuttgart, Alemania

Anyone's Daughter dieron sus primeros pasos interpretando versiones de bandas británicas de finales de los sesenta, orientadas hacia la psicodelia y el rhythm n' blues. Un aspecto que en el caso que nos ocupa se ve reflejado incluso en el nombre del grupo, tomado de la canción de mismo título incluida en el *Fireball* (1971) de Deep Purple.

En el periodo que va de 1972 a 1979 la formación fue siempre cambiante, manteniéndose como miembros fijos Uwe Karpa (guitarra) y Matthias Ulmer (voz, teclados), e igualmente evolutiva en cuanto a su sonido. Así, *Adonis* (1979) fue la constatación de que ya eran una banda progresiva con todas las letras. Cantado en inglés y con una notoria influencia de Genesis, tanto este disco como su continuación –*Anyone's Daughter* (1980) – presentaron en sociedad a una banda con claras concomitancias respecto a otros compatriotas como Eloy, Grobschnitt o Novalis.

No obstante su tercer trabajo, *Piktors Verwandlungen* (1981) supondría una cierta ruptura al cambiar a su idioma nativo, y al ofrecer una obra conceptual basada en el cuento homónimo de Herman Hesse con numerosos pasajes narrados, como si de un relato musicado se tratara.

Dos discos más –*In Blau* (1982) y *Neue Sterne* (1983) – ahondaron en lo conseguido hasta el momento, pero en 1984 la partida de su vocalista

Harald Bareth para cumplir el servicio militar hizo que la banda tomara la resolución de separarse. Ulmer y Karpa protagonizarían un fugaz regreso en 1986, con otros músicos, para dejar un último y no demasiado destacable testamento con *Last Tracks* (1986).

El grupo quedó pues como un nombre para los libros de historia del género, apreciado por los entendidos, hasta que en el año 2000 la pareja decide reunificar a la banda, en una decisión respetable –como cualquiera de esta índole–, pero que, a la vista de los resultados se le ha de antojar, al fan de la banda, como absolutamente banal e innecesaria.

Y es que los dos discos de estudio que se sacaron de la manga apenas tienen nada que ver con el sello distintivo de la banda. Repletos de un pop-rock insustancial, cuando no de un hard adocenado y artrítico, nada parece quedar en sus surcos de aquellas delicadas guitarras y pianos y aquellos imaginativos teclados de sus primeros cinco discos.

Incluso *Trio Tour*, el directo editado en 2006 con su actual formación de trío, apenas aporta nada que no estuviera plasmado ya, e infinitamente mejor, en los dos volúmenes de *Requested Document Live 1980-1983* (2001, 2003).

APHRODITE'S CHILD
Los dioses escuchan prog
1967
Atenas, Grecia

Artemios Ventouris Roussos, más conocido como Demis Roussos, y Evengelio Odyssey Papathanassiou, de nombre artístico Vangelis, ya eran conocidos en el mundillo musical griego al frente de sus bandas The Idols y The Formynx, respectivamente, cuando junto al batería Loukas Sideras y el guitarra Anargyros 'Silver' Koulouris decidieron fundar un nuevo grupo. Junto a los citados guitarra y batería, Roussos se encargaría del bajo y las voces y Vangelis de los teclados.

Aún sin nombre definido, se cree que fue idea de Vangelis que el grupo se trasladara a Londres, tanto por el hervidero musical que era la capital británica en aquel momento como por el hecho de escapar de la dictadura recién instaurada en Grecia. No sin tener que dejar atrás a Koulouris para que cumpliera el servicio militar. Pero la banda no tenía los permisos en regla para trabajar en el Reino Unido así que tuvieron que quedarse en París, donde fichan por Mercury Records y son finalmente bautizados por el productor Lou Reizner, que toma el nombre del título de una canción de Dick Campbell. Al poco lanzan su primer sencillo, «Rain and Tears», una relectura del *Canon en Re Mayor* de Pachelbel, que supuso un enorme éxito, y que incluirían en su primer elepé, *End of the World* (1968), un trabajo de pop psicodélico no muy lejano a Procol Harum o los Moody Blues.

Una gira europea y un nuevo single de éxito –«I Want to Live»– anticipan el lanzamiento de su segundo larga duración. Grabado en los Trident Studios de Londres, *It's Five O'clock* (1969) vuelve a ofrecer psicodelia y melodías radiables por un igual, sin dar pista alguna sobre lo que iba a acontecer en breve.

Tras la vuelta de Koulouris al seno del grupo se encierran a finales de 1970 en los estudios Europa Sonor, en París, y durante tres meses componen y graban su tercer y último disco, un álbum muchísimo más progresivo que los anteriores. *666* (1972) ofrece una versión, en clave contracultural, del Libro de la revelación de San Juan en un formato de doble álbum que va desde el pop progresivo al jazz o la música concreta. Vehículo casi exclusivo de Vangelis en cuanto a su gestación, el resto de la banda no estaba muy de acuerdo con la nueva dirección tomada por el teclista, queriendo mantenerse en parajes más pop como los hasta entonces transitados. Las tensiones internas y el conflicto con la discográfica, que retuvo el lanzamiento del álbum muchos meses por considerarlo anticomercial, propició el fin de la formación más internacional que ha dado el país heleno.

ARENA

Pluriempleo de lujo

1995

Reino Unido

Clive Nolan ya llevaba casi una década encargándose de los teclados en Pendragon –y ocasionalmente con su otra banda, Shadowland– cuando decidió dar forma a Arena, junto al primer batería de Marillion, Mick Pointer. Con dos primeros discos –*Songs from the Lion's Cage* (1995) y *Pride* (1996) – en formación cambiante, en 1998 consiguieron conformar el *line up* más estable de la banda hasta 2010, con el incombustible John Mitchell a la guitarra y Rob Sowden como vocalista.

Una alineación que coincidió además con parte de su mejor producción en estudio: *The Visitor* (1998), *Immortal?* (2000) y *Contagion* (2003) se hicieron un hueco sin problemas en el panorama sinfónico del cambio de milenio, llevando al grupo mucho más allá de la mera consideración de 'proyecto paralelo'.

A su trayectoria se sumó *Pepper's Ghost* en 2005, un álbum conceptual –como ya lo había sido *The Visitor*– rebosante de imaginación e ideas tanto argumental como musicalmente, transformando a los integrantes del grupo en cinco héroes de cómic luchando contra el crimen en pleno Londres victoriano. El libreto que acompañaba la edición especial del disco ponía la guinda, en lo gráfico, a uno de sus trabajos más recordados.

Tras *Pepper's Ghost* la banda se sume en un silencio discográfico de más de un lustro, tan sólo roto por la edición en 2006 de *Smoke & Mirrors*, DVD en directo grabado en el Wyspianski Theatre de Katowice, Polonia. En 2010, además, Sowden causa baja siendo reemplazado por Paul Manzi, un *frontman* que muchos aficionados ya conocían por su trabajo en la banda de Oliver Wakeman, el hijo del gran Rick.

Ya con nuevo vocalista y con la vuelta asimismo del bajista original, Arena reaparecería al año siguiente con *The Seventh Degree of Separation*, un disco que calma el ansia de los fans más sedientos de nuevo material, pero no colma las expectativas de la mayoría. Una obra de transición que desembocaría, cuatro años después, en un retorno –ahora sí– en toda regla. *The Unquiet Sky* (2015) supuso el reencuentro de Arena con su sonido más clásico. Tomando como inspiración, parcialmente, el cuento *El Maleficio de las Runas* de M.R James, el nuevo disco de Arena retoma su gusto por lo poético a nivel lírico y recupera las atmósferas neo sinfónicas por las que son de sobras conocidos.

Y para documentar en vivo este último lanzamiento, la banda publicó *XX* (2016) en formato de doble CD y DVD, con más de dos horas grabadas de nuevo en Katowice, casi un segundo hogar para ellos.

THE ARISTOCRATS
Mecánica de precisión
2011
Londres, Inglaterra / Nashville y San Diego, Estados Unidos

En enero de 2011, en el marco de la Winter NAMM, una feria de exposiciones del sector musical que se celebra cada año en el Centro de Convenciones de Anaheim, California, tres músicos debían ofrecer un show: Greg Howe, Bryan Beller y Marco Minnemann. A ultimísima hora a Howe le fue imposible acudir, siendo reemplazado por otro virtuoso de las seis cuerdas, Guthrie Govan. Y tan entusiasta fue la reacción del público como la de los tres músicos al descubrir la increíble química que había surgido entre ellos, que decidieron que había que darle continuidad al tema.

Tomando el nombre de un conocido y antiguo chiste anglosajón, el trío quedó pues formado por tres músicos de élite, reconocidos en *clinics*, sesiones y directos, cada uno con una discografía propia en solitario, sin contar las docenas de colaboraciones en discos de otros artistas.

A pesar de que cada uno de ellos vivía a considerable distancia del resto (Govan en Londres, los otros dos en Estados Unidos) se las arreglaron para ofrecer unos cuantos conciertos más, constatando que las diversas influencias de cada uno de ellos, que van desde el jazz al death metal, confluían en un estilo innovador y potente, una especie de heavy-jazz fusion con el virtuosismo como bandera. Un cedazo musical por el que se filtraban King Crimson y Joe Satriani, Return to Forever y Steve Vai y que, tras reunirse el grupo en Chicago, dio como fruto su primer disco homónimo ese mismo 2011. La interacción y el espíritu de colaboración entre los miembros de la banda queda reflejada de forma diáfana en un comentario de Beller por aquel entonces: "Acabamos usando nuestras distintas influencias para escribir unos para otros. Yo compuse «Sweaty Knockers» específicamente para que Guthrie se divirtiera, mientras él escribió «I Want a Parrot» con el bajo como instrumento principal. En lo que respecta al material de Marco ¡tenemos suerte de ser capaces de seguirle ritmo!"

Giran para promocionar el disco, y de esos conciertos sale *Boing, We'll Do It Live!* (2012), su primer directo, pauta que repetirán con su segundo disco en estudio, *Culture Clash* (2013), documentando el tour de presentación – por medio mundo– en el CD y DVD *Culture Clash Live!* (2015). En los conciertos de ese año ya adelantaron algunos de los temas de su siguiente disco. *Tres Caballeros* (2015) no muestra grandes cambios respecto a sus dos predecesores: sonido contundente, excelencia técnica e impecable producción.

ASIA
El supergrupo por excelencia
1981
Londres, Inglaterra

La alineación no podía ser más lujosa: John Wetton (King Crimson), Steve Howe (Yes), Geoff Downes (The Buggles, Yes) y Carl Palmer (E,L&P) juntaron fuerzas y talentos, recién estrenada la década del plástico, para dar forma a una de las superbandas definitivas del rock. Con una clara vocación comercial, dejándose querer por la radiofórmula y acercando el pop sinfónico a la frontera del AOR, su debut homónimo en 1982 supuso un bombazo –el disco vendió más de diez millones de copias– que nunca consiguieron superar. De la mano del *hit* «Heat of The Moment», número uno en las listas norteamericanas, la ascensión de Asia fue meteórica. Habían dado con la tecla adecuada en el momento adecuado. Esto es: pericia instrumental, melodías pegadizas y moderadamente grandilocuentes y una estupenda voz de barítono, la de Wetton, envolviendo con tino el conjunto. Fórmula magistral.

La crítica no se mostró tan entusiasmada como el público, empero. Acusados de traicionar las esencias progresivas de sus bandas de origen en aras de una comercialidad rampante, el tiempo se encargaría de reivindicar ese primer trabajo como un excelente compendio de singles en potencia, definitorio de una época muy concreta en la que los grandes dinosaurios sinfónicos se vieron obligados a reinventarse si no querían extinguirse irremedia-blemente. Muy pocos lo consiguieron, en verdad.

Con su segundo disco, *Alpha* (1983), siguen pegando fuerte en el mercado yanqui, pero al año siguiente Howe salta del barco y su tercer disco, ya sin él, (*Astra*, 1985) supone un primer costalazo en ventas, del que no se recupe-rarán. De hecho, en 1991 de la formación original tan sólo queda Downes. Éste recluta a John Payne para las voces y ambos mantendrán más o menos a flote el invento durante quince años, con grabaciones y giras que, si bien mantienen la dignidad tanto en estudio como en directo, están muy lejos de los logros alcanzadas con sus dos primeros discos.

Hasta que en 2006, coincidiendo con el 25 aniversario del nacimiento del grupo, los cuatro miembros fundadores deciden reunirse para llevar a cabo una gira a nivel mundial, y al mismo tiempo empezar a escribir nuevo material.

Así, *Phoenix* (2008), al que seguirán *Omega* (2010) y *XXX* (2012), suponen una trilogía que no reverdece laureles, ni lo pretende, pero conserva el nivel que se le supone y exige a un combo como ellos. Por desgracia, la muerte de John Wetton a inicios de 2017 truncó sin remedio una eventual continua-ción a esta nueva etapa de la banda.

IL BALLETTO DI BRONZO

Por delante de su tiempo

1966

Nápoles, Italia

Nacidos como un grupo beat que solía tocar éxitos ajenos en las bases ita-lianas de la OTAN bajo el nombre I Battitori Selvaggi, en 1969 deciden rebautizarse como Il Balletto di Bronzo y endurecen su sonido en un par de singles al que seguirá poco después un primer disco –*Sirio 2222* (1970) – plagado de riffs pesados heredados directamente de Led Zeppelin y Blue Cheer. Un buen compendio de psicodelia y hard blues, con ciertos tics más ácidos que progresivos –ahí están los espaciales diez minutos de «Missione Sirio 2222»– que, aún conformando un notable trabajo, no aventuraban, al menos no de forma evidente, lo que estaba por llegar.

Y lo que estaba por llegar era uno de los mejores y más inclasificables discos legados por el rock en toda su historia. Con el reemplazo del bajista y el cantante originales por Vito Manzari y Gianni Leone respectivamente, la banda dio un paso de gigante en su camino hacia el prog, especialmente de la mano de Leone y su singular empleo de los teclados, comparado en ocasiones con el de Keith Emerson. Publicado dos años después de su debut, *Ys* (1972) es indiscutible piedra de toque del sinfonismo en los setenta, una obra brillante y expresionista, casi desmesurada en su ambición.

Basado conceptualmente en una antigua leyenda bretona, no se trata de un álbum fácil ni cómodo para el oyente poco avezado. Cargado de atmósferas oscuras y progresiones melódicas disonantes, la soterrada tensión instrumental entre la densa base de teclados y el resto de instrumentos, así como la voz entre urgente y angustiada de Leone dieron como resultado una ópera trágica y bellísima, un disco que no admite comparación, una *rara avis* que más de cuarenta años después sigue sonando insultantemente moderna.

Y como suele ocurrir con las obras adelantadas a su tiempo, no fue comprendida ni aceptada como merecía y en consecuencia, frustradas sus expectativas, la banda se separó al año siguiente. A partir de ahí, el silencio, apenas roto por un disco de rarezas *Il Re Del Castello* (1990) hasta que en 1999 Leone reforma la banda en formato trío y publica ese mismo año el directo *Trys*.

Hoy día Il Balletto di Bronzo sigue en activo con los miembros originales Lino Ajello (guitarra) y Marco Cecioni (voz), y con la participación eventual de Leone, en una nueva encarnación del mítico nombre que incluso ha llegado a publicar un nuevo disco *Cuma 2016 DC* (2016), justo en el quincuagésimo aniversario del nacimiento de la banda.

BANCO DEL MUTUO SOCCORSO

Sólidos y solventes

1969

Roma, Italia

Referencia capital del rock progresivo italiano, la longeva y prolífica carrera del Banco del Mutuo Soccorso se inició en 1969 de la mano de los hermanos Vittorio y Gianni Nocenzi, dos teclistas influenciados –como tantos otros jóvenes italianos en esa época– por el rock sinfónico proveniente de Gran Bretaña. Los habituales cambios de personal en los primeros tiempos desembocaron en el *line up* clásico configurado por ambos hermanos más el guitarrista Marcello Todaro y tres ex miembros del grupo Le Esperienze: Francesco Di Giacomo (voz), Pier Luigi Calderoni (batería) y Renato D'Angelo (bajo).

Su trilogía inicial, con *Banco del Mutuo Soccorso* (1972), *Darwin!* (1972) y *Io Sono Nato Libero* (1973) es difícilmente superable. Tres discos superlativos trufados de progresivo, jazz y clásica, con el piano y el hammond de los hermanos Nocenzi y la personalísima voz de Di Giacomo como puntas de lanza.

Todaro es sustituido por Rodolfo Maltese y la banda cambia del italiano al inglés para su siguiente disco, *Banco* (1975) al tiempo que fichan para Manticore, el sello de E,L&P, en un intento de abrirse a mercados internacionales. Giran por Inglaterra y Estados Unidos y a su vuelta graban *Garofano Rosso* (1976), banda sonora instrumental para el film del mismo título.

Ese mismo año publican nuevo disco de estudio con versiones en italiano e inglés –*Come In Un'Ultima Cena / As In A Last Supper*– antes de volver a su faceta puramente instrumental en *…Di Terra* (1978), esta vez acompañados por una orquesta. En ese momento acortan asimismo su nombre a simplemente Banco.

Canto Di Primavera (1979), con Gianni Colaiacomo sustituyendo a D'Angelo, fue a la vez su último buen disco antes de una etapa olvidable. Como a tantos otros artistas progresivos, los ochenta les sentaron fatal. Abandono de las raíces sinfónicas, pop de baratillo y un mareo de personal constante hacen que la media docena de discos facturados de 1980 a 1989 estén mejor ocultos en el fondo de un baúl.

La regrabación de sus dos primeros discos, editados por separado y también en un doble CD titulado *Da Qui Messere Si Domina la Valle* (1991) supusieron una curiosa maniobra que hizo albergar esperanzas de un retorno a su sonido clásico, frustradas por un nuevo disco –*Il 13* (1994) – muy lejos de su potencial. Siguieron en activo con actuaciones esporádicas, editando material en vivo, hasta que la muerte de Di Giacomo en un accidente de tráfico, en febrero de 2014, puso un trágico punto final a su trayectoria.

BARCLAY JAMES HARVEST
La elegancia por bandera
1966
Oldham, Inglaterra

Mediados de los sesenta. The Keepers y The Wicked son dos bandas de blues que se mueven en el área entre Manchester y Oldham, hasta que algunos cambios de personal hacen que se fundan en una sola. En los primeros meses de 1967 John Crowther, mánager de los Keepers, compra una casa en Yorkshire y los cuatro músicos –John Lees (voz, guitarra), Les Holroyd (voz, bajo), Mel Pritchard (batería) y Stuart 'Woolly' Wolstenholme (teclados) – se trasladan allí, escogiendo nuevo nombre a partir de unas palabras escritas en papelitos y sacadas al azar de dentro de un sombrero.

La estancia en un ambiente rural en contraste con su experiencia urbanita promueve un cambio en su música, dirigiéndose hacia lo progresivo y lo sinfónico, y al cabo de poco firman por EMI, siendo asignados a Harvest, la rama progresiva del sello.

Para ellos grabarían cuatro discos de notable calidad –y buena acogida crítica–, que ya incluían varios de los temas que se harían clásicos en su repertorio, estableciendo la base de su sonido con estructuras y orquestaciones progresivas sobre una fuerte base melódica.

Fueron esas orquestaciones, por cierto, las que de algún modo cambiaron el destino de la banda. A partir de su segundo disco *Once Again* (1970) se hicieron acompañar en directo de una orquesta, dirigida por Robert John Godfrey, lo cual disparó los costes de las giras hasta el punto de que, al cambiar de sello tras su cuarto disco, tuvieron que usar buena parte del dinero de adelanto para enjuagar deudas con EMI.

En cualquier caso el cambio a Polydor en 1973 –pese a hallarse desanimados y más pendientes de sus proyectos en solitario que del grupo en sí– fue el punto de despegue para su etapa dorada. Comenzando por el magnífico *Everyone Is Everybody Else* (1974), y siguiendo con *Time Honoured Ghosts* (1975), *Octoberon* (1976) y *Gone to Earth* (1977), la banda consiguió por fin el reconocimiento del público, más que merecido en vista de lo impecable de sus composiciones, de una elegancia magistral.

Pero en 1979 Wolstenholme dejó la banda y los tres miembros restantes siguieron como trío por más de dos décadas con músicos adicionales, ampliando discografía sin alcanzar cotas pasadas, hasta que en 1998 las diferencias sobre el camino a seguir provocaron una escisión de la que nacería por un lado Barclay James Harvest featuring Les Holroyd, incidiendo en el lado AOR de sus últimas grabaciones, y por otro John Lees' Barclay James Harvest, en la tradición más progresiva.

BEGGARS OPERA
Sin miedo a la partitura
1969
Glasgow, Escocia

La Ópera del Mendigo es una ópera de baladas (subgénero de la ópera de carácter popular y satírico) escrita por John Gay en 1728. Una referencia culta, de entrada, para definir el carácter de una banda muy especial. Formados en 1969 por Ricky Gardiner (guitarra y voces), su primer *line up* incluía a Alan Park (teclados), Martin Griffiths (voces), Marshall Erskine (bajo y flauta) y Raymond Wilson (batería). Tardan apenas unos meses, tras su formación, en fichar por Vertigo y publicar su primer disco. *Act One* (1970) supuso una inmejorable carta de presentación para su estilizado concepto del rock progresivo/ sinfónico, con complicados arreglos y extensas *suites*, así como diversas adaptaciones de piezas clásicas, como en los temas «Poet and Peasant» y «Light Cavalry» del austríaco Franz von Suppé, o los guiños a Bach, Mozart y Grieg de «Raymond's Road». Sin incluirlo en el elepé (sí lo sería en su reedición en CD) lanzaron al poco tiempo el single «Sarabande», que subió alto en los *charts* en varios países europeos.

Para su 'segundo acto' hubo cambio de bajista y la incorporación de Virginia Scott encargándose del mellotron. Así, *Waters of Change* (1971) les muestra menos influenciados por The Nice o los primeros Purple y más centrados en su propio estilo. Su tercer trabajo, *Pathfinder* (1972), seguía la estela de lo facturado hasta el momento, pero tras su grabación, Griffins era sustituido por el ex Savoy Brown Pete Scott, el cual aportó un cierto toque bluesy a la banda. Durante las sesiones para *Get Your Dog Off Me!* (1973), no obstante, afloraron ciertas tensiones y Scott, tras grabar la mayoría de voces, abandonó al grupo.

Volvería a su seno, empero, en 1974, cuando el sello alemán Jupiter Records le propuso a Gardiner un contrato por dos discos. *Sagittary* (1974) y *Beggars Can't Be Choosers* (1975) no resultaron malos discos pero gran parte de la magia de sus inicios ya no estaba ahí y, al poco, la banda se disolvía. Gardiner pasó a colaborar con distintos artistas, grabando guitarras para el *Low* (1977) de Bowie y el *Lust For Life* (1977) de Iggy Pop, con el que además co-escribió el clásico «The Passenger».

Una olvidable reunión de Beggars Opera tuvo lugar en 1981, y después el silencio hasta que en 2007 Gardiner resucitó a la banda junto a su ya esposa Virginia y su hijo Tom tras la batería, editando una serie de discos (siete hasta la fecha) que poco tienen que ver con *Act One* y demás, pero que en conjunto resultan más que notables.

BIGELF
Prog-doom psicodélico y otras hierbas
1991
Los Angeles, Estados Unidos

Bigelf es Damon Fox, y viceversa. Compositor, cantante y teclista principal, ha visto pasar por las filas de su banda una buena retahíla de músicos pero manteniendo él siempre el control a los mandos de la nave. Nacidos en 1991, debutaron tardíamente con *Closer To Doom* (1996), un EP de seis temas en el que ya mostraban a las claras su filiación setentera y su desmedido uso de los teclados, en especial del Hammond y el Mellotron.

En el verano de 1997 grabarían su primer larga duración, *Money Machine*, que no sería editado hasta tres años más tarde por el sello sueco Record Heaven. Esa conexión les llevaría a girar por el norte de Europa, donde con el tiempo establecerían su segundo hogar, con el público escandinavo mostrándose muy receptivo a su sonido retro. Por desgracia su guitarra original, A.H.M. Butler-Jones, entró en un coma diabético (del que ya no se recuperaría hasta su muerte en 2009) mientras giraban por las tierras del norte, siendo reemplazado por el finés Ace Mark.

Con nueva formación y ya bajo el manto de Warner en Suecia publicarían *Hex* (2003), potenciando aún más si cabe su lado Sabbath envuelto en capas y más capas de teclados, al que seguiría un lustro después *Cheat The Gallows* (2008), su mejor disco hasta la fecha, con un magnífico single –«Money, It's Pure Evil»– que resume a la perfección lo facturado hasta entonces.

Dream Theater se los llevó de teloneros, al año siguiente, en su *Progressive Nation 2009 Tour* tanto por Europa como por Norteamérica. Repetirían con ellos en 2010, esta vez en Canadá, México y Sudamérica para, a mitad de año, pasar a abrir para Porcupine Tree en su gira americana. Todo ello les llevó a incrementar su base de fans, pero sin acabar de despegar a nivel masivo. Tras una última gira por Japón en agosto de 2010, pues, la banda entró en *stand by*, hasta que en 2013 se hizo oficial su fichaje por Inside Out Music y la inminente grabación de un nuevo álbum. El resultado, *Into the Maelstrom* (2014) fue un nuevo paso en su particular universo. Contando entre sus filas, ahora, con el ex batería de Dream Theater Mike Portnoy, Fox volvía a mostrarse como un más que notable compositor, capaz de conjugar pasajes cuasi operísticos con armonías psicodélicas, constantes cambios de ritmo con estrofas puramente glam. Es el suyo un cóctel particularísimo, que va de Uriah Heep a Beatles, pasando por King Crimson y los primeros Queen, siempre con el punto de mira orientado hacia la era dorada del rock progresivo.

C

CAMEL
La guitarra emocional
1971
Guildford, Surrey, Inglaterra

Presencia habitual en el circuito musical del condado de Surrey desde 1964, al frente de varias formaciones, Andrew Latimer reclutaría en 1971 a una serie de músicos –Andy Ward (bateria), Doug Ferguson (bajo) y Peter Bardens (teclados) – para dar forma definitiva a lo que acabaría siendo uno de los más importantes grupos del rock progresivo en su época dorada.

Fundamentados en la emocional guitarra de Latimer y con elementos provenientes del jazz, el blues y la música clásica, no tardan en grabar y publicar un primer disco homónimo en 1973 que, siendo más que correcto, recibe poca atención mediática, propiciando que MCA no renueve su contrato. Pero habiendo firmado con el equipo de *management* de Gemini Artists, casi de inmediato consiguen fichar por Decca, sello en el que permanecerán durante toda una década.

En estos diez años publicarán el grueso de su discografía, incluidas todas sus obras maestras. Empezando con *Mirage* (1974), un gran paso adelante respecto a su debut (en el que Latimer incorpora la flauta, instrumento que definirá en adelante parte de su sonido), y siguiendo con *The Snow Goose* (1975). Basado en la novela corta de Paul Gallico, este tercer trabajo –enteramente instrumental– les da a conocer a un nivel mucho más amplio, lo cual les lleva a presentarlo en el Royal Albert Hall, acompañados por la London Symphony Orchestra, el 17 de octubre de 1975. Con *Moonmadness* (1976) cerrarían lo que muchos consideran su trilogía esencial, antes de la partida de Andy Ward, reemplazado por el ex Caravan Richard Sinclair. Esta formación grabará aún dos grandes discos –*Rain Dances* (1977) y *Breathless* (1978) –tras lo cual Bardens abandonaría también el barco. Su partida repercutió de forma sensible en el sonido del grupo, siendo como era parte fundamental en la escritura de muchos de los temas de la banda, formando un compenetrado dúo compositivo junto a Latimer.

El disco que vino a continuación, *I Can See Your House from Here* (1979) marcó un punto de inflexión, a partir del cual el guitarrista transita por los ochenta y los noventa editando trabajos un tanto alejados de las raíces progresivas por las que era conocido, discos conceptuales como *Nude* (1981, *Dust and Dreams* (1991), o su 'disco irlandés' *Harbour of Tears* (1996), inspirado en la emigración tras la Gran Hambruna (1845-1852).

Con *A Nod and a Wink* (2002), dedicado a Peter Bardens, fallecido en enero de ese mismo año, se cierra por el momento su discografía, en tanto Latimer continúa adelante escribiendo, colaborando y girando incansable.

CAN

Hasta la vanguardia y más allá

1968

Colonia, Alemania

Todo empezó en un viaje que Irmin Schmidt –ya por entonces experimentado pianista y director de orquesta– hizo a Nueva York en 1966. En la Gran Manzana entró en contacto con el *avant-garde del* momento (La Monte Young, Terry Riley, Andy Warhol…) y, a su regreso a Colonia un año más tarde, formó de inmediato un grupo junto a David C. Johnson y Holger Czukay. Aunque en un primer momento se centraron en la música clásica de vanguardia (Schmidt y Czukay habían sido alumnos de Stockhausen), con la entrada del guitarrista Michael Karoli y del batería Jaki Liebezeit su sonido se orientó más hacia el rock. Completaba la primera formación el vocalista Malcolm Mooney.

Monster Movie, editado en 1969, sentaba las bases –aún en ciernes– de su particular universo, repleto de ritmos hipnóticos y pasajes disonantes, un bizarro funk psicodélico nunca visto.Mooney fue reemplazado por Kenji Suzuki, que seguiría como vocalista en la etapa más conocida del grupo. Un segundo disco –*Soundtracks* (1970)– recopilaba música que habían realizado para distintos films, más un par de temas aún con Mooney.

Pero fue con el doble *Tago Mago* (1971) cuando Can se soltaron de las pocas ataduras que aún ligaban sus canciones a una mínima estructura conocida y pasaron a perpetrar un rock progresivo basado en la más libre improvisación, llevando lo experimental hasta casi el límite. Considerado como un disco fundamental del rock vanguardista de los setenta, bajaron un poco (pero sólo un poco) el nivel de locura con *Ege Bamyasi* (1973), incluyendo algún tema –como el exitoso single «Spoon»–, que revelaba su lado más accesible.

Future Days (1973), considerado con el tiempo un trabajo precursor del *ambient*, marcaría la salida de Suzuki; Karoli y Schmidt pasarían a ocuparse de las voces, cada vez más escasas en sus siguientes discos. *Soon Over Babaluma* (1974) sigue la senda de *Future Days*, pero tras fichar por Virgin en el Reino Unido y EMI/Harvest en Estados Unidos sus siguientes trabajos *Landed* (1975) y *Flow Motion* (1976) se apartaban demasiado de sus caóticas pautas. Un convencionalismo que, por otra parte, no les funcionó mal; ahí queda ese «I Want More» a ritmo de música disco que les proporcionó su único *hit* fuera de Alemania.

Desde ese momento hasta su separación a finales de la década, poco más que rascar. Diversas reuniones puntuales y multitud de proyectos personales a lo largo de los años forman la cola de un cometa que, en la primera mitad de los setenta, brilló de forma casi cegadora.

CARAVAN
Los caballeros de Canterbury
1968
Canterbury, Kent, Inglaterra

Caravan fueron–con permiso de Soft Machine– la banda clave para definir lo que se conocería, a principios de los setenta, como sonido Canterbury. En su caso concreto, una combinación casi perfecta de jazz, psicodelia e influencias clásicas, sin desdeñar el folk y un cierto enfoque pop en algunos temas.

Provenientes de los seminales The Wilde Flowers, activos entre 1964 y 1969, David Sinclair (teclados), su primo Richard (bajo), Pye Hastings (guitarra, voz) y Richard Coughlan (batería) deciden en 1968 formar un nuevo grupo y mudarse al cabo de poco desde Whitstable a Londres, tras fichar por Verve. Con ellos editarían su primer disco homónimo en enero de 1969, que recibe buena acogida crítica pero no entra en *charts*. Verve, además, les deja tirados al retirarse del negocio en el Reino Unido, y la banda entra en contacto con Decca, con la que lanzaría sus discos más recordados. A finales de 1969 simultanean la grabación de su segundo disco con continuos conciertos en el circuito universitario y en festivales.

Finalmente, *If I Could Do It All Over Again, I'd Do It All Over You* (1970), al que seguiría un año más tarde *In the Land of Grey and Pink* (1971), les muestran en plena madurez pese a su juventud, con el hammond de David definiendo un rock progresivo de marcada personalidad. No obstante, frustrados por la falta de éxito a nivel comercial, sufrirían una serie de paulatinas deserciones. Primero fue David, sin el cual grabarían *Waterloo Lily* (1972), el primero con instrumentación orquestal, y más tarde Richard. David volvería en breve, grabando *For Girls Who Grow Plump in the Night* (1973) y lanzando el directo *Caravan and the New Symphonia* (1974). Parecía que las cosas volvían a su cauce y más después de que *Cunning Stunts* (1975) asomara tímidamente la cabeza en las listas inglesas y americanas, pero como a tantos otros, los vientos de cambio en la segunda mitad de la década les pillaron a contrapié y tanto *Blind Dog at St. Dunstans* (1976) como *Better by Far* (1977) estaban demasiado alejados de su sonido original como para contentar a sus seguidores.

Trampeando de mala manera la primera mitad de los ochenta, en 1985 se disuelven, para volver brevemente en 1990 con la formación clásica y, tras el abandono de nuevo de Richard, grabar un nuevo disco –*The Battle of Hastings* (1995) – que les reconcilia, en cierto modo, con los viejos fans y reactiva su carrera, de nuevo con cambios constantes en el *line up* pero siempre con Hastings como referencia.

CURVED AIR
Un nombre a reivindicar
1970
Londres, Inglaterra

Una tarde de finales de los sesenta Francis Monkman, miembro de la Royal Academy of Music, escuchó por casualidad a alguien probando un violín electrificado en una tienda de instrumentos. Ese alguien era Darryl Way, estudiante de la Royal College of Music. Hablan, congenian y no tardan en iniciar un proyecto. Junto al pianista Nick Simon, el bajista Rob Martin y el batería Florian Pilkington-Miksa forman Sisyphus. El por entonces mánager de la banda les recomienda los servicios de una cantante folk llamada Sonja Kristina, la cual accede a unirse a la banda, al tiempo que Simon abandona y se cambian el nombre, inspirados por el disco de Terry Riley *A Rainbow in Curved Air* (1969).

Ensayos continuos y una gira por Inglaterra les llevan a un contrato con Warner Brothers (más un suculento adelanto de cien mil libras) y la publicación de *Air Conditioning* (1970). Recibidos por el público con los brazos abiertos (el álbum llegó al puesto número ocho en las listas), su mezcla de folk y rock progresivo, con predominancia del violín y la espléndida voz de Kristina, se vería reforzada con el exitoso single «Back Street Luv» y su siguiente trabajo, con cuyo título no se rompieron mucho la cabeza: *Second Album* (1971). De todos modos ya en este trabajo y en el tercero –*Phantasmagoria* (1972)– el distinto modo de encarar las composiciones por parte de Monkman y Way llevan a la banda a un sinfín de tensiones que termina con una primera disolución.

Kristina mantendría el nombre y con un *line up* completamente distinto, incluyendo al último bajista Mike Wedgwood y a Eddie Jobson como violinista, editaría *Air Cut* (1973), un más que notable (e incomprendido) disco que no convenció ni al sello ni a los fans. Poco después Wedgwood marcharía para entrar en Caravan y Jobson haría otro tanto en Roxy Music. Una eventual reunión de los miembros originales daría como resultado el directo *Live* (1975) antes de que Kristina y Way siguieran adelante con otra formación distinta, incluyendo a Stewart Copeland, futuro batería de The Police.

Midnight Wire (1975) y *Airborne* (1976), los dos últimos trabajos de la banda, ya no lograrían el favor de unos fans que los veían demasiado alejados del clásico sonido de sus inicios. Inactivos durante más de tres décadas excepto por alguna reunión puntual, la banda resurgió en 2008 con un revival que ha dejado ya tres nuevos discos, material para nostálgicos de una banda demasiado –e injustamente– desconocida dentro del progresivo.

D

THE DEAR HUNTER
El ambicioso proyecto de un genio
2005
Providence, Rhode Island, Estados Unidos

The Dear Hunter es el vehículo personal de Casey Crescenzo. Y Crescenzo es, digámoslo sin rodeos, un auténtico genio. Atesora todos los tics que definen una personalidad genial, esto es talento, creatividad, inseguridad y un carácter en extremo sensible, introvertido y perfeccionista.

Corría el año 2005 cuando Crescenzo dejaba The Receiving End of Sirens, la banda de post-hardcore en la que militó casi un año, para dar forma a su propio proyecto personal. The Dear Hunter nació así como un vehículo para las composiciones de Casey que no encontraban hueco en el seno de su primera banda. Pero pronto el que iba a ser su primer álbum se convirtió en un plan a largo plazo diseñado para narrar la historia de un muchacho (el propio *dear hunter*) a lo largo de seis 'actos' (álbumes), *con Act I: The Lake South, The River North* (2006) como punto de partida. Tras la segunda entrega –*Act II: The Meaning of, and All Things Regarding Ms. Leading* (2007) – el grupo se embarcaría al año siguiente en su primer tour como cabeza de cartel, tras el cual volverían al estudio para grabar *Act III: Life and Death* (2009). Pero justo entre los actos II y III, Crescenzo había empezado a concebir una nueva idea: un compendio de discos basados conceptualmente en los colores primarios. Así, surgió *The Color Spectrum* (2011), un trabajo monumental, compuesto nada menos que de nueve EP, con cuatro temas cada uno, titulados a su vez con los colores del arco iris en el espectro visible (*Red, Orange, Yellow, Green, Blue, Indigo* y *Violet*) más los dos tonos acromáticos (*Black, White*). Al mismo tiempo se lanzó asimismo una edición sencilla con tan sólo 11 temas, escogidos de entre todo el conjunto, para facilitar su comercialización. Y para presentarlo ofrecieron un único show el 9 de mayo de 2012, en el Somerville Theater de Boston, interpretándolo íntegramente, y quedando registrado en el DVD *The Color Spectrum Live* (2013).

Tras un esfuerzo tal, Crescenzo entró de nuevo al estudio para, esta vez, grabar un disco independiente por sí mismo. *Migrant* (2013) se alejaba del concepto como motivo para limitarse a conformar –dentro de su propio estilo– una colección de canciones y nada más. No tardarían mucho, en cualquier caso, en retornar al campamento base. *Act IV: Rebirth in Reprise* (2015) y *Act V: Hymns with the Devil in Confessional* (2016), grabados casi simultáneamente, dejan a esta moderna y cuasi perfecta epopeya rock de nuestro tiempo a las puertas de su conclusión.

DREAM THEATER
Colosos
1985
Boston, Massachusetts, Estados Unidos

En 1985, tres estudiantes del Instituto de Música de Berklee deciden dejar los estudios para centrarse en su banda, por entonces llamada Majesty y que tres años más tarde se convertirá en Dream Theater. Sus nombres: John Petrucci (guitarra), John Myung (bajo) y Mike Portnoy (batería). Con Kevin Moore a los teclados y Charlie Dominici como cantante hacen su debut con

When Dream and Day Unite (1989), tras el cual deciden sustituir a Dominici por James Labrie, fichar por ATCO Atlantic y fabricar la que sería la primera de una serie de obras magnas. Tomando las enseñanzas de pioneros del prog metal como Fates Warning o Queensryche, *Images and Words* (1992) profundiza en ello, mostrando que sabían fusionar el heavy metal clásico y los grandes del progresivo con una técnica impresionante, lo que confirmarían con *Awake* (1994), segunda perla en una discografía casi intachable.

Derek Sherinian sustituiría a Moore, y sus inconfundibles teclados se hacen notar en el siguiente trabajo, *Falling into Infinity* (1997), con pasajes más calmados antes de volver a su sonido más reconocible –y nuevo teclista, Jordan Rudess– con *Metropolis Pt. 2: Scenes from a Memory* (1999), un álbum conceptual que partía de una primera parte incluida en *Images and Words*. Para presentarlo llevarían a cabo la mayor gira hasta la fecha, la Metropolis 2000, que les tuvo un año entero en la carretera.

Empezarían el nuevo milenio con otra gran obra, *Six Degrees of Inner Turbulence* (2002), y pasarían la década en una cadencia de disco cada dos años –*Train of Thought* (2003), *Octavarium* (2005), *Systematic Chaos* (2007) y *Black Clouds & Silver Linings* (2009) – seguidos de sendas giras por todo el mundo, alcanzado y superado ya el estatus de estrellas, prácticamente los número uno en su género.

En 2010 Portnoy quiso tomarse un periodo de descanso de cinco años, pero el grupo no accedió, fichando, tras una serie de pruebas, a Mike Mangini como nuevo batería. Con la nueva y definitiva formación, Dream Theater publicaría tres discos más –*A Dramatic Turn of Events* (2011), *Dream Theater* (2013) y *The Astonishing* (2016) –, al tiempo que ampliaban sin cesar su abultada discografía y videografía en directo, merecedora de un capítulo aparte.

Aficionados a las versiones, en 1995 editaron un EP con distintas covers –*A Change of Seasons*– así como diversos discos en directo a lo largo de su carrera, interpretando íntegramente clásicos como *Master of Puppets* de Metallica, *The Dark Side of the Moon* de Pink Floyd o el *Made in Japan* de Deep Purple.

E

ELOY
Océanos progresivos
1969
Hannover, Alemania

En palabras de Frank Bornemann, fundador, guitarrista y único miembro permanente de Eloy desde sus inicios: "A finales de los sesenta, las bandas de rock alemanas tocaban básicamente versiones de otros (…) Tratar de destacar con composiciones propias suponía un gran esfuerzo. Era como un nuevo inicio hacia un futuro incierto". De esa idea tomarían su nombre, en referencia a la novela *La máquina del tiempo* de H.G. Wells, en la que una raza futurista, los Eloi, consiguen vencer a su enemigo y afrontar el futuro de la raza humana con renovado optimismo.

En lo concerniente al plano musical, Eloy se tomaron su tiempo antes de conseguir lo propuesto. Cinco álbumes de estudio desde su homónimo debut en 1971 hasta *Dawn* (1976), en los que se mostraban tan progresivos como cercanos al space rock de la época, con inequívocas influencias floydianas. En 1977 dan el do de pecho y entregan *Ocean*, considerado desde su mismo alumbramiento como una pieza capital del rock sinfónico germano. Su siguiente entrega, *Silent Cries and Mighty Echoes* (1979) mantuvo el nivel de ventas con otra excelente colección de canciones, pero al término de su grabación tanto Jürgen Rosenthal (batería) como Detlev Schmidtchen (teclados) dejarían la banda y con su marcha ésta experimentaría un cierto cambio de rumbo con el devenir de la nueva década.

Con nueva formación editarían *Colours* (1980), en el que se mostraban más abiertos y accesibles. Con diversos momentos que recuerdan a Alan Parsons Project, con teclados más ligeros y la siempre preponderante guitarra de Bornemann sonando más potente, el nuevo trabajo abría una senda que continuaron con *Planets* (1981) y *Time to Turn* (1982) manteniendo constante la fidelidad de su público, hasta que tras la fría acogida dispensada a *Performance* (1983) y el fracaso comercial de *Metromania* (1984) decidieron tomarse un descanso.

Tras su regreso en 1988 y un par de mediocres discos que apenas merecen mención, con *The Tides Return Forever* (1994) los fans pudieron apreciar por fin un serio retorno a sus raíces progresivas, que se vio refrendado por *Ocean 2: The Answer* (1998), una más que notable secuela de su aclamado disco en los setenta, tras el cual poco más se supo de ellos.

Hasta que en 2009 y coincidiendo con el 40 aniversario de su fundación, Bornemann reunió a la banda para grabar un nuevo disco –*Visionary* (2009)– al que siguió un doble DVD –*The Legacy Box (2010)* – con un documental, vídeos y grabaciones históricas de todos sus periodos.

EMERSON, LAKE & PALMER
El sinfónico llevado al paroxismo
1970
Londres, Inglaterra

Diciembre de 1969. Keith Emerson y Greg Lake se encuentran con sus respectivas bandas –The Nice y King Crimson– compartiendo cartel en el Fillmore West de San Francisco. Cuando durante una prueba de sonido Emerson improvisa con el piano siguiendo unas líneas de bajo de Lake, ambos se dan cuenta de que ahí hay química. Decididos a formar una nueva banda, convencen al batería de Atomic Rooster, Carl Palmer, para que se una al proyecto.

Pronto estructuran un repertorio basado fundamentalmente en versiones rock de piezas de música clásica (Bartók, Mussorgsky...) y tras un primer concierto en agosto de 1970, su aparición ese mismo mes en el Festival de la Isla de Wight les consigue un contrato con Island Records. Su debut con *Emerson, Lake & Palmer* (1970) incluía de nuevo adaptaciones clásicas (Bach, Leoš Janáek) así como el tema «Lucky Man» que Lake había escrito siendo un chavalín y que fue uno de sus mayores éxitos.

Llevando el rock progresivo a unos niveles de exageración sinfónica no vistos hasta entonces, la primera mitad de los setenta vio nacer sus obras más reconocidas: *Tarkus* (1971), *Trilogy* (1972) y *Brain Salad Surgery* (1973) junto con los directos *Pictures at an Exhibition* (1971), y el triple *Welcome Back, My Friends, to the Show that Never Ends* (1974) les auparon a lo más alto del olimpo progresivo del momento.

Al mismo tiempo, sus teatrales *performances* en escena, rozando lo circense, les aportan seguidores en la misma medida que les acarrean críticas por excesivos y autoindulgentes.

Tras un parón de casi dos años, en 1976 se reúnen para grabar *Works Volume* 1 (1977), un doble disco en el que cada músico aportaba una cara del vinilo, más una cuarta conjunta. Un disco aún bien recibido por crítica y fans, al contrario que su segunda parte –*Works Volume 2* (1977) – una selección de cortes descartados en sesiones de grabación entre 1973 y 1976 que marcaría el principio del fin para el grupo. Contractualmente obligados a ofrecer un álbum más para su sello, el resultado –*Love Beach* (1978) – marcó su punto más bajo como grupo y propició la disolución al año siguiente. Su tiempo, definitivamente, había pasado. Las décadas posteriores vieron puntuales reunificaciones de la banda, incluyendo dos discos tan insustanciales como prescindibles.

Con el suicidio de Keith Emerson en marzo de 2016 y la muerte por cáncer de Greg Lake en diciembre del mismo año, la historia de una de las más importantes bandas de rock de la historia quedaba trágica y definitivamente cerrada.

THE ENID

¡Música, maestro!

1973
Inglaterra

Robert John Godfrey fue colaborador de Barclay James Harvest en sus inicios, responsable de buena parte de las orquestaciones en sus dos primeros trabajos, hasta que en 1973 fundó The Enid, junto a los guitarristas Steve Stewart y Francis Lickerish, el vocalista Peter Roberts y el batería Dave Storey, con la intención de facturar rock sinfónico en su máxima expresión, tan virtuoso por una parte como no exento, por otra, de una refrescante ironía.

Sus planes dieron un vuelco cuando Roberts se suicidó el día de Año Nuevo de 1975. El grupo consideró que el vocalista era irreemplazable y, así, su primer disco fue reestructurado para ser enteramente instrumental. Editado en 1976, *In the Region of the Summer Stars* ofrecía la perfecta fusión entre rock y música clásica, con vastos movimientos orquestales en los que muchas veces parece que intervenga una orquesta sinfónica, aunque en realidad todo esté interpretado con los típicos instrumentos del progresivo.

Una pequeña gran sinfonía, digna de los auditorios más exquisitos, que tan pronto recuerda a un delicado ballet clásico como a la partitura de un melodrama de Hollywood, y a la que seguirían tres trabajos más en la misma línea: *Aerie Faerie Nonsense* (1977), *Touch Me* (1979) y *Six Pieces* (1980), formando una primera tetralogía excepcional, impermeable –autista prácticamente– a lo que sucedía a su alrededor en el mundo del progresivo.

Tras la marcha de Lickerish, la banda –ahora convertida en dúo con Godfrey y Stewart más músicos adicionales– introdujo voces por primera vez en su quinto trabajo, *Something Wicked This Way Comes* (1983), encargándose Godfrey de ello, y enfatizaron las guitarras y la parte rock de su sonido. Un disco muy notable al que sólo le faltaría otro cantante –Godfrey es tan excelso teclista y compositor como mediocre vocalista– para subir al sobresaliente.

Ese mismo año editaban su primer directo oficial –*Live at Hammersmith*–, en dos discos independientes, para volver al clasicismo con *The Spell* (1985) y *Salome* (1986), bastante menos inspirados, hasta decir adiós en 1988.

Los noventa les verían retornar, experimentando con las nuevas tecnologías en *Tripping the Light Fantastic* (1994) y volviendo por sus fueros con los siguientes discos hasta que en 2014 Godfrey anunció que le había sido diagnosticado un principio de Alzheimer, que por desgracia le retiraría de toda actividad al frente de The Enid en 2016, autorizando a la banda, no obstante, a continuar adelante sin él al frente.

F

FATES WARNING

Antes que nadie
1982
Hartford, Connecticut, Estados Unidos

Considerados uno de los grupos pioneros en el desarrollo del metal progresivo, los de Hartford empezaron siendo una banda de puro heavy metal, influenciada por la NWOBHM como tantas otras bandas a principios de los ochenta. En su primera encarnación, con John Arch como cantante, los guitarristas Jim Matheos y Victor Arduini, el bajista Joe DiBiase y el batería Steve Zimmerman lanzaron dos discos en los que, por debajo del clásico sonido metálico a lo Maiden, se adivinaban ciertos matices prog, aunque muy leves.

Una tendencia que se hizo más evidente con la entrada de Frank Aresti sustituyendo a Arduini y con el disco subsiguiente, *Awaken the Guardian* (1986), incorporando estructuras cada vez más complejas y demostrando que nombres como Rush o incluso Yes no eran ajenos a su aprendizaje.

En 1987 Ray Alder entró como nuevo vocalista, mientras la banda se adentraba un paso más con *No Exit* (1988) en su camino hacia el prog sin renunciar a la contundencia metálica. Muestra de ello son los más de veinte minutos de «The Ivory Gate of Dreams», que podría considerarse una de las primeras *suites* de prog metal tal y como lo conocemos.

En la gira de presentación del disco, Mark Zonder sustituye al batería original y ese mismo año publican *Perfect Symmetry* (1989). Tanto este disco como el siguiente –*Parallels* (1991)– les colocan definitivamente instalados en la liga de Dream Theater y aledaños, con un estilo más atmosférico y significativamente comercial. *Parallels* fue de hecho su disco más exitoso hasta aquel momento.

Un *impasse* de casi tres años les ve retornar cada vez más melódicos con *Inside Out* (1994), pero dos años después DiBiase y Aresti abandonan, dejando a los tres miembros restantes enfrentándose –con la ayuda de músicos invitados– a la grabación de su octavo disco, A *Pleasant Shade of Gray* (1997), un trabajo conceptual con un solo tema dividido en doce movimientos, de tono más sombrío de lo habitual.

El nuevo milenio vio a la banda espaciando más sus lanzamientos, pero manteniéndose como referente del género: *Disconnected* (2000), *FWX* (2004), *Darkness in a Different Light* (2013) y *Theories of Flight* (2016) les mantienen en lo más alto de un estilo del que pueden considerarse fundadores. Y es que como bien dijo Mike Portnoy en cierta ocasión: "A menudo se atribuye a Dream Theater el haber creado un nuevo género con el metal progresivo a finales de los ochenta, pero lo cierto es que Fates Warning lo llevaban haciendo años antes que nosotros".

FAUST

La sinfonía lunática

1971

Wümme, Alemania

Con su primer disco homónimo en 1971, Faust se adelantaron a todo y a todos, incluso a buena parte de sus compañeros de quinta. Apadrinados por el productor y periodista Uwe Nettelbeck, Werner 'Zappi' Diermaier (batería), Hans Joachim Irmler (órgano), Arnulf Meifert (batería), Jean-Hervé

Péron (bajo), Rudolf Sosna (guitarra y teclados) y Gunter Wüsthoff (saxo, sintetizadores) dejaron descolocado a todo el mundo con una obra tan impactante como abstracta. Tres largos temas tan sólo, repletos de hard rock machacado, dadaísmo, electrónica, vanguardia, psicodelia y ruido, todo fundido y moldeado en un potaje progresivo que, por más que pueda sorprender, funciona. Así lo entendió la crítica, que saludó el disco con efusivas muestras de aprecio, aunque los resultados comerciales fueran muy discretos.

Un segundo intento –*Faust So Far* (1972)-, ligeramente más ortodoxo, los coloca ya en la cumbre del naciente krautrock y les confirma como precursores en el uso de la mesa de mezclas como si fuera un instrumento más.

Despachan entonces a Meifert y firman a medias un trabajo con el compositor estadounidense Tony Conrad, titulado *Outside the Dream Syndicate* (1973), considerado una pieza angular de la música minimalista. De inmediato pasan de Polydor a Virgin, a los que Nettelbeck entrega una gran cantidad de material de la banda a cambio dWWe que lo editen y vendan al precio más bajo posible, de cara a introducirlos en el mercado británico. En consecuencia *The Faust Tapes* (1973) –un pastiche de material grabado sin orden ni concierto, pura experimentación extrema– salió al mercado a precio de single (49 peniques), vendiendo decenas de miles de copias.

A finales de ese mismo año editarían el clásico *Faust IV*, esta vez sí con material grabado ex profeso en los estudios de Virgin, pero apenas un año y medio más tarde, tras la negativa de la compañía a editar su quinto disco, la banda se separaba.

En los noventa algunos miembros resucitarían el cadáver del grupo, girando y editando varios discos –*Rien* (1994), *You Know FaUSt* (1997), *Faust Wakes Nosferatu* (1997)– que, sin defraudar, no causan ni de lejos el impacto de su primera tetralogía.

Desde 2005, Faust existe en dos encarnaciones totalmente distintas, dos grupos con el mismo nombre, contando ambos con miembros originales, tratando de mantener activa una música radicalmente progresiva de indiscutible vigencia y sin la cual el post punk, el techno, el noise y el rock industrial no serían lo que son.

FISH

El escocés errante

Derek William Dick
25 de abril de 1958
Edimburgo, Escocia

Cantante y compositor/letrista de Marillion en su primera etapa, Fish –apodo que adoptó de joven inspirándose, según sus propias palabras, en lo mucho que le gustaba pasar tiempo sumergido en la bañera– dejó la banda en 1988 para dedicarse a su propia carrera en solitario. Continuando allí donde lo había dejado con ellos, estilísticamente hablando, su debut como solista un par de años después figura aún hoy como el más exitoso de su trayectoria en ventas y uno de los más reconocidos por crítica y público. *Vigil in a Wilderness of Mirrors* (1990) contiene las dosis de rock progresivo, pop, hard rock y folk que los antiguos fans de Marillion demandaban a su antiguo líder, y la buena acogida le dio la suficiente confianza para seguir en la senda que se había trazado.

Una senda de cerca de tres décadas en activo que ofrecen un saldo un tanto irregular con más anotaciones, eso sí, en el haber que en el debe, con discos excelentes –*Internal Exile* (1991), *Raingods with Zippos* (1999), *A Feast of Consequences* (2013)– y un innumerable goteo de grabaciones en directo, la mayoría 'piratas oficiales' editados bajo su propio sello –Dick Brothers Record Company– como un modo de autofinanciarse.

En todos esos discos, Fish mantendría intacta su marca de fábrica en lo musical y en lo lírico. Excelente letrista, la mezcla de imágenes poéticas y denuncia social que pueblan sus canciones le han convertido en uno de los mejores y más infravalorados cantautores del rock sinfónico, y en uno de los pocos, dentro del género, capaces de escribir con igual éxito tanto emotivas canciones de amor como beligerantes temas políticos.

Con un ritmo de trabajo pautado pero exigente, el ritmo de sus lanzamientos y sus giras ha sido constante especialmente en los noventa y la primera década del nuevo milenio, y sólo más espaciada desde entonces, especialmente desde que se le diagnosticó un anómalo crecimiento celular en la garganta que, por fortuna, no acabó siendo cancerígeno, pero que le obligó a cancelar conciertos y dejar su carrera en punto muerto durante varios años.

Ferviente defensor de la independencia de Escocia, convencido izquierdista, aficionado –como buen escocés– al fútbol (es seguidor de siempre del Hibernian), actor esporádico en cine y televisión e interesado en todo lo que tenga que ver con las Ciencias del Mar, el viejo Derek es todo un personaje, sin duda uno de los últimos grandes nombres en activo de la primera hornada del neoprogresivo.

THE FLOWER KINGS

En la corte del rey Stolt

1994

Uppsala, Suecia

Roine Stolt ya llevaba a cuestas un intenso bagaje como músico antes de formar The Flower Kings. Primero con Kaipa, banda seminal del progresivo sueco en los setenta, y más tarde con su propia banda, Fantasia, editando discos en solitario o como músico de sesión.

Más de dos décadas de actividad que desembocaron en el disco que acabaría dando forma a su proyecto definitivo. Editado bajo su propio nombre, *The Flower King* (1994) sentaría las bases de su sonido en el futuro, y propiciaría el alumbramiento de The Flower Kings, tomando el propio título del disco para bautizarlos, y la banda de acompañamiento como grupo *per se*.

Tan sólo un año después publicarían *Back in the World of Adventures*, manteniendo desde entonces un ritmo de lanzamientos discográficos casi anual. *Retropolis* (1996), *Stardust We Are* (1997) y *Flower Power* (1999) les consagraron, en menos de un lustro, como uno de los popes esenciales del prog de fin de siglo. Su puesta al día de los cánones más reconocibles del sinfónico clásico –largos pasajes instrumentales, cambios de ritmo y trabajadas armonías vocales– y el músculo añadido tanto a bajo como a teclados fueron conformando, paso a paso, una discografía esencial, cuya traslación al directo se reveló, asimismo, intachable.

Habituados a ofrecer gran cantidad de material a sus fans –de sus doce discos en estudio, cuatro son dobles–, The Flower Kings se han mantenido fieles a su sonido sinfónico, sin vaivenes destacables, pero sin renunciar a cierta experimentación cuando así lo han querido. En ese sentido son de señalar sus devaneos con el jazz en algunos de sus temas, y muy especialmente en las dos extensas *suites* de su séptimo álbum de estudio *Unfold the Future* (2002).

En lo referente a su *line up*, el núcleo duro de la banda se ha mantenido desde el principio con –aparte de Stolt, obviamente–, Hasse Fröberg como segundo guitarra y vocalista y Tomas Bodin a los teclados, con Jonas Reingold también fijo a las cuatro cuerdas desde 1999. El sitio tras los tambores, eso sí, ha visto diversos cambios de personal.

Por su parte Stolt, prolífico hasta decir basta, sigue simultaneando de forma impecable su labor al frente de la banda –*Banks of Eden* (2012) y *Desolation Rose* (2013), sus dos últimos discos, así lo atestiguan– con numerosos proyectos paralelos (Agents of Mercy, 3rd World Electric...) e incluso con trabajos a dúo, como ese *Invention of Knowledge* (2016) a medias con Jon Anderson.

FOCUS

Con letras de oro en el rock neerlandés

1969

Amsterdam, Países Bajos

Sin duda alguna Focus fueron la banda holandesa de prog más conocida de los setenta. Todavía en activo, la banda ha pasado por numerosos cambios de personal, aunque dos de ellos se han mantenido como elementos constantes: el fundador Thijs van Leer (teclados, flauta, voz) y el guitarrista Jan Akkerman, que a la vez se repartían el grueso del trabajo compositivo.

Músicos ambos de formación clásica, con la inclusión del batería Pierre van der Linden en 1970 y del bajista Bert Ruiter al año siguiente, quedaba conformado el primer *line up* de Focus. *Focus Plays Focus* (1970), más conocido por su título internacional *In and Out of Focus* representó un debut más que prometedor, rock progresivo con matices folk, ciertos patrones de blues y la dosis de música clásica marca de la casa. Su segundo trabajo, *Focus II* (de nuevo más conocido como *Moving Waves*) representó un gran paso adelante, gracias en especial a «Hocus Pocus» y a la inclusión de «Eruption», una *suite* de veintidós minutos inspirada en la primigenia ópera *Euridice* (1600), de Jacopo Peri.

Repitieron jugada con *Focus 3* (1972), un doble álbum que incidía en lo elaborado hasta entonces y que incluía «Sylvia», un nuevo single de éxito. Con *At the Rainbow* (1973) ofrecían su primer directo, al que seguiría un nuevo trabajo de título equívoco, el excelente *Hamburger Concerto* (1974). Grabado enteramente en estudio, la segunda cara del vinilo original incluía el tema que da título al álbum, basado en las *Variaciones sobre un tema de Haydn* (1873), de Johannes Brahms.

A partir de ese momento las cosas fueron de mal en peor. El nuevo disco, *Mother Focus* (1975) abandonaba mayormente la carga progresiva para centrarse en un pop de tono insustancial y un jazz no menos insípido. Las tensiones entre Akkerman y Van Leer arreciaban y en febrero de 1976 el guitarrista fue invitado a abandonar el grupo. Tras un nuevo trabajo –que recibió palos por doquier –con el cantante americano P. J. Proby, Van Leer bajaba la persiana.

A partir de ese momento Focus ha vivido diversas reunificaciones puntuales (con Akkerman en 1985 y 1990) hasta que en 2001 Van Leer puso en marcha un proyecto llamado Hocus Pocus con miembros de su banda de entonces, Conxi. En principio simplemente una especie de grupo tributo, la excelente acogida dispensada les llevó a reformularse de nuevo como Focus y a mantenerse en activo desde entonces, recuperando por el camino a Van der Linden.

GALAHAD
En busca del Santo Grial
1985
Dorset, Inglaterra

En 1985, la primera oleada del neoprogresivo británico ya llevaba un cierto tiempo dándose a conocer. Galahad surgieron justo a mitad de la década, pero como ellos mismos han reconocido, montaron el grupo más por diversión que con vistas a algo serio, trabajando un poco de material propio pero dándole cancha a versiones de dinosaurios consagrados como Genesis, Rush, Led Zeppelin o Focus. Un tiempo, desde el 85 hasta el cambio de década, en que fueron perfeccionando su estilo y que les llevó a darse cuenta de que estaban alcanzando un gran nivel como grupo y que tal vez era llegada la hora de ponerse a escribir material propio y construir una carrera solvente.

Tal hicieron –con una primera formación que mantendría a Stuart Nicholson (voz), Roy Keyworth (guitarra) y Spencer Luckman (batería) como miembros fijos a lo largo de los años– y ello resultó en un primer disco editado, como el resto de su producción, bajo su propio sello, apropiadamente bautizado como Avalon Records. *Nothing Is Written* (1991), al igual que su continuación (básicamente una colección de demos de su primera época)

In a Moment of Complete Madness (1993) son discos bajo los que se percibe un potencial, pero que aún cojean de cierta fragilidad en el sonido y la producción. Un punto y aparte acústico, en clave casi medieval –*Not All There* (1995) – bajo el nombre Galahad Acoustic Quintet y dos discos más –*Sleepers* (1995) y *Following Ghosts* (1998) – les continúan granjeando adeptos; giran por medio mundo con grandes respuestas de audiencia, pero siguen sin convencer a la crítica, que los ve como una banda poco original, deudores en demasía del sonido de Marillion o Pendragon. Craso error, pues si bien es innegable que la voz y el fraseo de Stuart Nicholson, líder y miembro permanente de la banda desde sus inicios, recuerda notablemente a la de Fish, no lo es menos que Galahad estaban dejando pistas cada vez más evidentes de que se encontraban próximos a conseguir su propia identidad.

Lo hicieron con *Year Zero* (2002) y *Empires Never Last* (2007), dos puñetazos en la mesa que llevan su clásico neoprog a extremos más eléctricos y afilados, modernizando un sonido que se había quedado un tanto obsoleto y que, esta vez sí, encontró una respuesta casi unánime. La entrega en 2012 de otros dos magníficos trabajos –*Battle Scars* y *Beyond the Realms of Euphoria*– y el doble CD y DVD *Solidarity - Live in Konin* (2015) confirman que su carrera se halla en un punto álgido al que parece quedarle aún más de un cartucho.

GAZPACHO
Música nocturna
1996
Oslo, Noruega

Como la famosa sopa fría con la que decidieron denominarse, la música de estos noruegos está compuesta de distintos ingredientes para lograr un sabor único. Descritos por un crítico como "clásico neo-progresivo post ambient atmosférico y nocturno folk world rock", sus discos se mueven entre lo sinfónico y lo alternativo en un menú contemporáneo de matriz ensoñadora y melancólica, basado en la voz y los teclados sin por ello renunciar al volumen de las guitarras cuando es menester, ni a unas bases cercanas en ocasiones al trip hop.

Con un núcleo duro formado por Jan-Henrik Ohme (voz), Jon-Arne Vilbo (guitarra) y Thomas Andersen (teclados y programación), la sección rítmica ha visto entradas y salidas constantes hasta establecerse desde hace años con Lars Erik Asp (batería) y Kristian Torp (bajo), más Mikael Krømer como violinista.

En 2002 editaron el EP *Get It While It's Cold (37°C)*, a través de MP3. com, al que seguiría su primer elepé *Bravo* (2003), que contenía cinco de los seis temas del primer EP. Con el disco bajo el brazo consiguen actuar en la segunda edición del *Marillion Convention Weekend* (Ohme, Vilbo y Andersen eran miembros del club de fans desde hacía años), a raíz de lo cual los de Hogarth se los llevan como teloneros de gira por Europa. Antes del tour editan su segundo trabajo, *When Earth Lets Go* (2004), para conseguir suficiente material de cara al directo. La amistad con Marillion haría que estos les publicaran el siguiente disco –*Firebird* (2005) – en su propio sello, a la vez que reeditaban los dos primeros.

La estructura a base de temas cortos –según los parámetros progresivos– en los que se movían hasta entonces se vio truncada con *Night* (2007), un álbum conceptual con tan sólo cinco piezas, una obra aclamada nada más editarse, en cuanto les mostraba ya maduros técnica y compositivamente.

Su siguiente disco, *Tick Tock* (2009) –inspirado en los avatares del piloto y escritor Antoine de Saint-Exupery– vuelve a recibir el beneplácito de la crítica y propicia su primera gira como cabezas de cartel. Con *Missa Atropos* (2010) y *March of Ghosts* (2012) continúan en la senda inaugurada por *Night*: bandas sonoras conceptuales para historias inusuales, usando siempre internet como plataforma principal de promoción, a través de sus propios canales y la venta *on line*.

Demon (2014) y *Molok* (2015) son por el momento las dos últimas entregas de una banda que ha conseguido, paso a paso, redefinir el rock progresivo del nuevo milenio.

GENESIS
Magistrales e irrepetibles
1967
Godalming, Surrey, Inglaterra

Si habláramos de una Santísima Trinidad dentro del rock sinfónico, lo único que cabría dilucidar es si Genesis serían Padre, Hijo o Espíritu Santo.

Formado originalmente por cinco alumnos de un elitista colegio británico, el grupo no tardó en grabar algunos singles y un primer disco, *From Genesis to Revelation* (1969), con resultados más bien discretos. Al poco, no obstante, consiguen un contrato con Charisma Records y graban su primera obra maestra, el extraordinario *Trespass* (1970), tras lo cual sufren la deserción de guitarra y batería.

Los tres miembros restantes (Peter Gabriel a la voz, el bajista Mike Rutherford y el teclista Tony Banks) reclutan a un nuevo guitarrista, Steve Hackett, y a un tal Phil Collins para sentarse tras los tambores, y con esa formación inician la etapa más clásica del grupo, grabando una joya tras otra en menos de un lustro: *Nursery Cryme* (1971), *Foxtrot* (1972), *Selling England by the Pound* (1973) y *The Lamb Lies Down on Broadway* (1974) vendrían a ser como los cuatro Evangelios para todos los creyentes en el sinfonismo. La conjunción de la peculiar voz de Gabriel y su sentido teatral en escena con la excelencia instrumental del resto de miembros y una iconografía lírica personalísima les encumbró y consolidó como referencia tanto para los fans como para docenas de otros artistas.

Tras la marcha de Gabriel, en busca de nuevos horizontes musicales, Collins se haría cargo de la voz principal y con él al frente grabarían otros dos magníficos álbumes en 1976, *A Trick of the Tail* y *Wind & Wuthering*. Y hasta aquí podríamos decir que duraron los Genesis que la mayoría de fans más puristas consideran 'de verdad'.

Lo que vino a continuación poco o nada tuvo que ver ya no sólo con la filosofía y el estilo del grupo hasta ese momento, sino con el rock progresivo en general. Convertidos en trío una vez presentada la renuncia de Hackett, tanto Banks como Rutherford se acomodaron sin problemas a la nueva propuesta musical de Phil Collins, basada en un pop rock de indisimuladas tendencias comerciales. Estrenándose con un disco de significativo título –*And Then There Were Three…*(1978) –, su carrera durante las dos décadas siguientes puede contarse más por singles de éxito que por álbumes como concepto.

Pero pese al éxito de ventas y popularidad de la banda en esta nueva deriva, el verdadero legado de Genesis, aquel que refrenda su importancia cultural e histórica dentro del rock del siglo XX, sigue anclado firmemente en aquellos primeros discos de los setenta, en su originalidad y su excelencia, en su espíritu innovador y en lo arriesgado de su propuesta.

GENTLE GIANT
Virtuosa hermandad
1970
Londres, Inglaterra

Complejos y virtuosos incluso para los ya elevados parámetros del rock progresivo, los miembros de Gentle Giant no sólo eran unos maestros en lo suyo, sino también multiinstrumentistas dotados capaces de extraer magia sonora de diversas fuentes. Su campo de acción, además, era inusitadamente vasto; en su música concurren folk, rock, jazz y un amplio espectro dentro de la música clásica, desde lo medieval (especialmente en las voces), el románti-co y el barroco hasta la música de cámara contemporánea.

El formato de sexteto que mantendrían en sus primeros años venía com-puesto por los tres hermanos Shulman (Derek, Phil y Ray), de ascendencia judío-escocesa, más Gary Green y Kerry Minnear (ambos miembros perma-nentes a lo largo de toda su carrera) y el batería Martin Smith.

Gentle Giant (1970), un primer y un tanto dubitativo intento, pronto se vio superado por *Acquiring the Taste* (1971), una obra experimental y sorpre-siva prácticamente gestada en el estudio, a la que seguiría su primer disco conceptual, *Three Friends* (1972). Malcolm Mortimore, reemplazo de Smith (que había dejado la banda tras el segundo elepé) sufrió un accidente de motocicleta y su puesto lo ocuparía –ya definitivamente–John 'Pugwash' Weathers, que venía de tocar con la Grease Band y con Graham Bond.

Octopus (1972) marcaría el inicio de su etapa más inspirada y creativa a nivel discográfico. No obstante, durante el tour de presentación los roces entre Phil y sus hermanos, sumados a la incompatibilidad entre la carretera y su vida familiar, llegaron a un punto crítico, con el primero abandonando la nave. No hubo reemplazo y Gentle Giant seguirían como quinteto hasta su disolución.

In A Glass House (1973) y *The Power and The Glory* (1974) fueron dos nuevos álbumes conceptuales de un nivel altísimo, con la banda sonando cada vez más cohesionada y contundente, a la vez que inspirada compositi-vamente.

Un cambio de sello, de WWA a Chrysalis y una voluntad de sonar lige-ramente más accesibles llevaron a *Free Hand* (1975), su último disco clásico, que obtuvo buena acogida en los *charts* estadounidenses. Siempre sólidos y epatantes en escena, valor seguro en los escenarios europeos y americanos, darían testimonio de ello con *Playing the Fool* (1977), un doble directo incendiario, pero su declive en estudio, iniciado con *Interview* (1976) iría a más. Buscando infructuosamente la comercialidad y acortando los temas, sus últimas entregas antes de separarse en 1980 no harían honor a su nombre ni sus capacidades.

GLASS HAMMER
Tradición y modernidad
1992
Chattanooga, Tennessee, Estados Unidos

Nacidos en plena era grunge, Glass Hammer fueron en un principio un dúo formado por los multiinstrumentistas Steve Babb y Fred Schendel que de forma más o menos artesanal facturaron *Journey of the Dunadan* (1993) un –mediocre, todo hay que decirlo– disco basado en el personaje de Aragorn, de *El señor de los anillos*. Para su sorpresa, consiguieron vender varios miles de copias a través de canales alternativos (internet, venta telefónica, teletienda…), lo cual les animó a tirar adelante con el proyecto.

Siempre contando con músicos de apoyo (básica en sus primeros años fue la voz de Michelle Young), los dos fundadores se repartían las voces y se encargaban de bajo y teclados –Babb– y de guitarra, teclados y batería –Schendel– empezando de ese modo a crearse un nombre a base de discos cada vez mejores –la mayoría conceptuales–, en una evolución lenta pero muy coherente. Así *Perelandra* (1995), inspirado en obras de C.S. Lewis, y su continuación *On to Evermore* (1998) subían el listón varios peldaños, empezando a definir su estilo.

Muy influenciados por los grandes nombres del rock sinfónico británico clásico, así como por compatriotas del estilo de Kansas, con su cuarto disco llevaron esas influencias hasta el extremo. De hecho *Chronometree* (2000) es casi una parodia de los excesos sinfónicos de los setenta y como tal debe entenderse y disfrutarse.

Lex Rex (2002) y *Shadowlands* (2004) seguirían la curva ascendente, dos magníficos trabajos de rock progresivo contemporáneo, respetuoso con el pasado pero desde una óptica refrescante. Con el primero, además –un álbum conceptual que narra el encuentro de un centurión romano con Jesucristo– plasmaban de forma inequívoca sus creencias cristianas, que nunca habían escondido pero de las que tampoco querían ni quieren hacer bandera.

Tras *Shadowlands* ambos cederían las voces principales a diversos cantantes que de forma más o menos continuada han colaborado en todos sus discos desde entonces: Walter Moore, Carl Groves, Susie Bogdanowicz y Jon Davison, este último reclutado en 2012 por Yes como sustituto de Anderson.

Creciendo siempre un poco más en cada disco, la segunda década del nuevo milenio les ha visto tremendamente activos, publicando un trabajo por año, prácticamente, con una última tanda de lanzamientos –la formada por *Perilous* (2012), *Ode to Echo* (2014), *The Breaking of the World* (2015) y *Valkyrie* (2016) – que no deja lugar a dudas sobre su posición predominante en el sinfónico moderno.

GNIDROLOG

Sin teclados, por favor
1969
Londres, Inglaterra

Oriundos de Londres y desde pronta edad parte activa en la escena folk de la capital, llegó un momento en que los gemelos Colin y Stewart Goldring empezaron a querer ir un poco más allá en sus interpretaciones, complicando su música y fundando Gnidrolog en 1969, junto al batería de Spice (que

un año más tarde se convertiría en Uriah Heep) Nigel Pegrum y el bajista
Peter 'Mars' Cowling.

Desde el momento de su formación hasta finales de 1971 resulta arduo,
por no decir imposible, hallar información alguna respecto a sus actividades.
Podemos encontrar a Colin tocando la flauta en el tercer disco de Yes, *The
Yes Album* (1971), algunos conciertos esporádicos teloneando a nombres
como Man o Terry Reid y poco más.

Hasta que el 3 de noviembre de 1971, con su disco de debut ya en marcha, hacen su presentación más o menos oficial ante prensa y público en el
Marquee londinense, junto a Raw Material, con los que compartían sello
(RCA). Grabado en tiempo record y prácticamente en directo, *In Spite of
Harry's Toenail* (1972) fue editado en abril y mostraba a una banda con un sonido propio dentro de la ortodoxia coyuntural imperante. Subidas y bajadas
de ritmo, pasajes pastorales y guitarras abrasivas, una voz por encima de la
media y flautas y oboes en abundancia, sumado todo ello a la ausencia total
de teclados, les gana un nombre en la escena del momento. Apenas un mes
después anuncian el fichaje del virtuoso flautista y saxofonista John Earle, y
quedan establecidos como quinteto.

Y sin tiempo que perder, vuelven a entrar en el estudio para grabar y
editar, antes de que acabe el año, su segundo disco, *Lady Lake* (1972), que no
difiere apenas de su predecesor en cuanto a la base de su sonido. Y de ahí al
adiós definitivo.

Nigel Pegrum se unió a Steeleye Span, sólo para reencontrarse con los
gemelos Goldring cuatro años más tarde en un estrambótico y efímero proyecto punk llamado Pork Dudes, tras el cual la pista de cada uno se pierde
en trabajos de sesión y colaboraciones dispersas.

El año 1999 vio una inesperada y fugaz reunión de la banda. Precedida
por la edición de un directo –*Live 1972* (1999) – grabado en Birmingham
el 10 de julio de 1972, la nueva formación de Gnidrolog publicaría *Gnosis*
(1999) como anecdótica coda a su carrera.

¡Ah, por cierto! A aquellos que pudieran tratar de desentrañar el signifi-
cado del nombre del grupo, decirles simplemente que se trata de un –ligeramente inexacto– anagrama del apellido de los dos hermanos.

GOLDEN EARRING
Cada vez más complejos
1961
La Haya, Países Bajos

Estableciendo una comparación en tono de humor, podríamos decir que Golden Earring podrían ser considerados la versión 'seria' de Spinal Tap, la ficticia banda cuyas catastróficas andanzas documentó Rob Reiner en 1984, tal
es el abanico de estilos por el que ha transitado, siendo el progresivo sólo uno
entre muchos.

Sus orígenes se remontan a 1961, cuando dos mozalbetes de trece y quince años –George Kooymans y Rinus Gerritsen respectivamente– forman
un grupo llamado The Tornados, que pronto cambian por The Golden Ea-
rrings. Durante buena parte de la década se dedican a practicar un sixties
pop que cristaliza en varios elepés, hasta que en *Eight Miles High* (1969)
endurecen su sonido, a la vera de otros nombres más conocidos como Deep

Purple, Wishbone Ash o Uriah Heep. Esto es, hard rock de tintes psicodélicos, de extenso minutaje y estructuras paulatinamente más complejas.

A partir de ahí la formación clásica de Gerritsen (bajo) Kooymans (guitarra), Barry Hay (voz, flauta) y Cesar Zuiderwijk (batería) inaugura su etapa progresiva, que continuará con *Golden Earring* (1970), –también conocido como *Wall Of Dolls*– y *Seven Tears* (1971), dos excelentes trabajos.

Together (1972) bajó un poco el listón, con temas más cortos que trataban de buscar una respuesta comercial que llegó sólo parcialmente. Un paso atrás con el que paradójicamente cogieron impulso para lo que vino a continuación. *Moontan* (1973) recuperaba con fuerza las constantes progresivas anteriores (múltiples pasajes instrumentales, cambios de ritmo y complicados arreglos) y por añadidura incluía el tema «Radar Love» que, lanzado asimismo como single, se convirtió en su canción insignia y entró en el Top 10 de numerosos países europeos. Un tema que conocería en el futuro numerosas versiones por parte de artistas como Ministry, U2, White Lion, Def Leppard, R.E.M. o Santana.

A partir de ese momento la banda abandonaría cada vez más el hard rock y el progresivo. *Switch* (1975) y *To the Hilt* (1976) no resultan malos discos en conjunto, pero sí adolecen de una falta de personalidad que converge en *Contraband* (1976), antes de entrar en barrena con una deriva estilística en la que cupo casi de todo: pop-rock coyuntural, disco-funk, AOR…

Supervivientes de mil y una escenas, activos aún a día de hoy, para el prog-head quedan esos discos entre 1969 y 1973 como piezas a conservar, así como el directo escuetamente titulado *Live* (1977) con el que cerraban la etapa de su carrera por la que merecen ser recordados.

GONG

Sintonizando Radio Gnomo

1967

París, Francia

En septiembre de 1967 el músico australiano Daevid Allen, de gira por Francia con Soft Machine, se encontró con que su visado había expirado y se le negaba el acceso al Reino Unido por tres años. Instalado en París, funda junto a su pareja Gilli Smyth la primera encarnación de Gong, pero una orden de arresto durante el Mayo del 68 les obliga a tomar las de Villadiego y recalar por un tiempo en el pueblo mallorquín de Deià.

De vuelta en París al año siguiente, consiguen que el sello BYG Actuel se interese por ellos y en apenas unos meses tienen listo *Magick Brother*(1970), pura psicodelia que pasará al space rock progresivo por el que serán conocidos en *Camembert Electrique* (1971), considerado por Allen su primer disco real como Gong.

Con continuos cambios en la formación (la lista de personal que ha pasado por Gong parece un listín telefónico) fichan por Virgin, se trasladan a Inglaterra y graban *Flying Teapot* (1973), el primero de una trilogía de álbumes conocida como *Radio Gnome Invisible*, completada con *Angel's Egg* (1973) y *You* (1974), en la que instauran además su particular mitología, un compendio de personajes y situaciones, entre lo humorístico y lo alegórico, que serán recurrentes en su discografía.

Allen no obstante dejaría abruptamente la banda en 1975, baja que se sumaba a la de Smyth y el teclista Tim Blake meses antes. Steve Hillage, que había entrado durante las sesiones de *Flying Teapot*, se hizo cargo de la nave por un tiempo, pero tras la edición de *Shamal* (1975) él también partió, cerrando la etapa clásica de la banda.

A partir de ahí Gong murió y renació en incontables ocasiones, reproduciéndose y mutando en diversas denominaciones: Allen continuaría con su particular cosmogonía tanto en sus discos en solitario como con *Planet Gong* (1977) y *New York Gong* (1979), al tiempo que Smyth hacía lo propio con Mother Gong.

Tras pasar la mayor parte de los ochenta en Australia, nuestro hombre regresa a Inglaterra en 1989 con un nuevo proyecto, Gongmaison. Dos años después, reclamados como Gong para una aparición en tv, el nombre original queda establecido finalmente en 1992. De esta nueva etapa nacería *Shapeshifter* (1992), considerada la 'cuarta parte' de su trilogía. Nuevas giras y un nuevo disco –*Zero to Infinity* (2000) – lleva a más aventuras: Acid Mothers Gong, Gong Global Family...Allen fallecería en 2015, seguido de Smyth al año siguiente, pero su voluntad de que Gong continuara adelante se plasmó en el disco *Rejoice! I'm Dead!* (2016).

GRAVY TRAIN
Injustamente olvidados
1969
St Helens, Merseyside, Inglaterra

Actores de reparto en un momento en que empezaban a surgir no pocas estrellas, Gravy Train jugaron, a su pesar, en segunda división aun haciéndose un cierto nombre gracias a su directo, potente y sin concesiones.

Provenientes de diversas bandas locales, Norman Barratt (voz y guitarra), J.D. Hughes (teclados, flauta), Lester Williams (bajo) y Barry Davenport (batería) empezaron a ensayar en el St. Helens Cricket Club en verano de 1969. En aquellos primeros días, la formación jazzística de Barry supuso una gran influencia en el modo de componer e interpretar de la banda. Por otro lado la conversión de Barratt al cristianismo comportó que las letras de sus canciones fueran, desde entonces, escritas desde esa perspectiva.

Tras firmar con Vertigo lanzan su primer disco, homónimo, en 1970. Un año saturado de lanzamientos progresivos, de entre los cuales no destacó especialmente. El tiempo, al igual que hizo con el resto de su producción, ha acabado por reivindicar el sentido de la melodía, los riffs de hard rock y el sustrato blues de un disco que recuerda, con sus numerosos pasajes de flauta, a los primeros Tull.

No hubo grandes cambios formales en su continuación – *(A Ballad of) a Peaceful Man* (1971) –, pero sí el paso de Vertigo a Dawn Records. Con el nuevo sello publicarían su tercer trabajo, *Second Birth* (1973), del cual se extraerían dos temas como single –«Strength of a Dream / Tolpuddle Episode»–, pero al igual que había ocurrido con «Alone in Georgia / Can Anybody Hear Me? » de su segundo larga duración, el sencillo no entró en listas.

Descontentos con el trabajo de su productor, Jonathan Peel, se hicieron con los servicios de Vic Smith para su cuarto y último disco. *Staircase to the Day* (1974), pese a abrirse con uno de sus temas más conocidos, «Starbright Starlight» (lanzado asimismo como siete pulgadas), tampoco consiguió ese éxito que siempre se les mostró esquivo.

Llegados a ese punto, la falta de respuesta comercial, las frustraciones y los problemas económicos dieron al traste con las pocas energías que pudieran quedarles. Tras la marcha de Davenport debido a problemas de salud y, poco después, la de Hughes, la banda grabaría un último single para Dawn («Climb Aboard the Gravy Train / Sanctuary») antes de separarse definitivamente.

La reedición en CD de su catálogo a principios de los noventa propició una suerte de reivindicación, por parte de nuevos aficionados, de una muy notable banda que mereció, en su momento, mejor suerte.

GREENSLADE
Secundarios de lujo
1972
Londres, Inglaterra

Cuando en 1971 Colosseum se separaron, su teclista Dave Greenslade y el bajista Tony Reeves decidieron tirar por su cuenta, ambos con la mente puesta en una nueva banda con dos teclados. Para tal fin se hicieron con los servicios de Dave Lawson y con la adición del ex King Crimson Andrew McCulloch como batería completaron la banda, que Dave bautizó con su propio apellido dejando claro quién era el líder.

Obviando pues, a conciencia, la presencia de un guitarrista, la banda hizo su debut en directo a finales de 1972 y poco después, de la mano de Warner Bros publicaban *Greenslade* (1973), con el icónico dibujo del maestro Roger Dean en portada, que repetiría para su segundo disco, *Bedside Manners Are Extra* (1973). En ambos trabajos el grupo mostró su mejor cara, sin duda la más inspirada, fabricando un rock sinfónico de claras tendencias jazz y blues, a la vez que no escondían su versión más clásica en lo referente a Lawson. La interacción entre ambos teclistas y la sección rítmica, con Reeves teniendo más espacio al carecer de guitarra, confirieron al grupo una sonoridad especial, muy reconocible.

Parte de su identidad venía también dada por la duración de los temas, menos extensos de lo habitual en época y estilo, y por su uso del clavinet (básicamente un clavicordio amplificado electrónicamente).

Para *Spyglass Guest* (1974) invitaron por primera vez a un guitarrista, David 'Clem' Clempson (ex Humble Pie y antiguo compañero en Colosseum) para un par de temas, pero el disco no se reveló tan efectivo como los dos anteriores, a nivel compositivo, circunstancia que tampoco mejoraría *Time and Tide* (1975).

Su trayectoria no iría mucho más allá; al año siguiente, aduciendo problemas de *management*, Greenslade ponían fin a casi un lustro de carrera. Todos los miembros menos McCulloch seguirían en el mundo de la música de un modo u otro, hasta que de forma totalmente sorpresiva protagonizaron un *come back* en el año 1999, con Dave y Tony más un nuevo teclista –John Young– y el batería Chris Cozens. De esta segunda y breve etapa quedaría un nuevo disco –*Large Afternoon* (2000) – y un directo –*Live 2001 -The Full Edition* (2002) – sólo aptos para completistas de la banda.

Para los fans de siempre o aquellos que quieran introducirse en su música a través de un directo en condiciones, dicha reunión propició también el lanzamiento de *Live* (1999), un majestuoso documento grabado entre 1973 y 1975 que recoge varios de sus clásicos en su mejor momento.

GRYPHON

Recuperando el oficio de trovador

1972

Londres, Inglaterra

La historia de Gryphon, como la de tantas otras bandas sinfónicas, tiene su génesis en la amistad surgida entre compañeros de estudios. En su caso, dos amigos recién graduados en la Royal College of Music de Londres, Richard Harvey y Brian Gulland, que a principios de los setenta deciden crear un dúo folk, que pronto se convertiría en cuarteto con la incorporación del guitarrista Graeme Taylor y el percusionista Dave Oberlé. Tomando como base de su sonido la tradición de la música rural británica, Gryphon fueron un paso más allá grabando en 1973 un primer disco homónimo mezclando estructuras progresivas con melodías y ritmos inequívocamente medievales y renacentistas, aportando algunas canciones propias pero con un grueso de canciones tradicionales.

Una sonoridad única, básicamente instrumental, que aún a día de hoy sorprende por su audacia y su virtuosismo. Un auténtico viaje a siglos pretéritos propiciado por el uso de instrumentos añejos, caso del fagot, el cromorno, la flauta dulce y la mandolina, capaces de trasladar al oyente desde los psicodélicos setenta hasta la corte de los Tudor o incluso de Ricardo III.

Tras su debut, se les encomendó escribir y grabar la música para una representación de *La tempestad* de Shakespeare, dirigida por Sir Peter Hall y estrenada en abril de 1974 en el National Theatre. Un encargo del que salieron más que airosos y al que siguieron, en apenas unos meses, sus dos siguientes discos. Así, tanto *Midnight Mushrumps* (1974) como *Red Queen to Gryphon Three* (1974) incidieron en su particular universo sonoro, ampliando el espectro con la inclusión de instrumentos eléctricos pero manteniendo coherente su propuesta.

Tras una gira como teloneros de Yes, en 1975 se dieron las primeras deserciones y cambios de personal y tras dos discos mucho más impersonales, la banda se disolvió y la mayoría de sus miembros pasaron a los sempiternos proyectos personales.

Tres décadas después se anunció una reunión de la formación original para un concierto en Londres, así como planes de cara a la grabación de un nuevo disco. Pero diez años después, en 2017, y pese a mantenerse oficialmente en activo, Gryphon apenas si han llevado a cabo unas pocas y muy escogidas fechas en directo, y los únicos lanzamientos que han visto la luz son algunas recopilaciones al uso y un par de directos y sesiones antiguas para la BBC, de innegable interés, obviamente, pero editadas todas ellas a principios del nuevo milenio, antes de la reunión de la banda.

STEVE HACKETT
Seis cuerdas mágicas
Stephen Richard Hackett
12 de febrero de 1950
Londres, Inglaterra

A finales de 1970, tras haber militado en algunas pocas bandas progresivas de escaso renombre, un joven Steve Hackett consigue entrar en Genesis como reemplazo de su guitarrista original, Anthony Philips, y muy pronto se convierte en pieza fundamental de la banda. Haciendo un esfuerzo por adoptar el complicado estilo de su predecesor a la vez que incorporaba nuevas técnicas, la aportación de Hackett fue fundamental en la evolución del sonido del grupo. No sólo fue uno de los pioneros en la técnica del *tapping*, bastante antes de que Eddie Van Halen la popularizara, sino que convenció al resto para que incorporaran un mellotron a su corpus instrumental básico.

De igual forma, durante sus primeros tiempos en directo con el grupo, su peculiar imagen –sentado, encorvado sobre su instrumento, con gruesas gafas de pasta– ofrecía un peculiar y estimulante contraste con la exuberancia y teatralidad de la puesta en escena de Gabriel, habitualmente ataviado con sus máscaras y disfraces.

De formación básicamente autodidacta pero profundamente influenciado por la música clásica y el blues británico, el valor de la aportación de Hackett a Genesis es incalculable. Durante los seis años en los que fue miembro oficial del grupo, los que van de *Nursery Cryme* (1971) a *Wind & Wuthering* (1976), no dejaría de crecer como artista, revelándose como un guitarrista de inusitada creatividad y elegancia.

Pero aún en el seno de Genesis, publicaría su primer trabajo en solitario, *Voyage of the Acolyte* (1975), la primera constatación de que su pericia como compositor no le iba muy a la zaga a sus virtudes como instrumentista. Y ya una vez fuera de la banda madre, desde 1978 con *Please Don't Touch*, su carrera ha sido constante y prolífica. Dejando de lado el breve pero exitoso proyecto junto a Steve Howe en GTR, que dejó un álbum de mismo título y un single que los más veteranos a buen seguro recordarán –«When the Heart Rules the Mind» (1986) –, el guitarrista ha publicado más de dos docenas de álbumes, siempre con su inconfundible estilo a las seis cuerdas pero superando el mero registro prog para adentrarse en el pop, el rock clásico, la world music e incluso –caso de *A Midsummer Night's Dream* (1997), respaldado por la Royal Philharmonic Orchestra– guiñando el ojo a la música clásica, sin olvidar el pasado a través de las relecturas de su primer material en sus shows en directo como Genesis Revisited, ofreciendo nuevas versiones de los temas más emblemáticos de la banda.

HARMONIUM

La quinta estación

1972

Montreal, Quebec, Canada

Los orígenes de Harmonium les ven en clásica formación de trío folk cuando a Serge Fiori y Michel Normandeau, cantantes y guitarristas ambos, se les une el bajista Louis Valois en 1973. A finales de ese año ofrecen su primera actuación en la radio CHOM-FM de Montreal, interpretando tres temas, uno de los cuales «Pour un Instant» se editaría como single al poco y se convertiría en un *hit* casi inmediato, al igual que su primer larga duración. *Harmonium* (1974) es un disco folk de guitarras acústicas, con el bajo como elemento rítmico, que contiene ligeras pistas progresivas pero todavía muy livianas. Cantado en un francés de fuerte acento quebequés, como el resto de su producción, a su publicación siguió una gira por todo el Canadá francófono que se contó por *sold outs*.

Para su siguiente trabajo reclutaron a dos nuevos músicos: Pierre Daigneault para los vientos y Serge Locat en teclados, y ello revirtió en un nuevo sonido, amplia e inconfundiblemente sinfónico sin perder su faceta folk. Titulado *Si on Avait Besoin d'une Cinquième Saison* (1975), pero más conocido como *Les Cinq Saisons*, el ahora quinteto entregaba un espléndido álbum basado en las cuatro estaciones, a las que añadieron una quinta, ficticia. El disco tuvo una inmejorable acogida tanto crítica como comercial.

Al año siguiente, tras meses encerrados en la casa familiar de los Fiori en Saint-Césaire, escribiendo y grabando, Harmonium publicaban su tercer y último disco, un doble álbum en el que reflejaban siete estados de conciencia distintos en un ser humano. *L'Heptade* (1976) es sin lugar a dudas su obra más emocional y ambiciosa (su presupuesto de cerca de noventa mil dólares fue el más alto hasta aquel momento en la industria musical del país), para la que contaron con la ayuda de numerosos músicos invitados e incluso de parte de la Orquesta Sinfónica de Montreal. Sufrieron en los primeros meses de grabación, eso sí, la deserción de Normandeau, una separación cuyos motivos nunca han quedado del todo esclarecidos.

Convertidos ya casi en leyenda en Quebec, *L'Heptade* sería interpretado íntegramente en 1977 en Vancouver –insólito en cuanto zona anglófona–, en un concierto que sería grabado y editado más tarde como directo bajo el nombre de *Harmonium en Tournée* (1980).

Pero bastante antes, a finales de 1978 y tras un concierto en el Centre de la Nature de Laval, Serge ya había dado carpetazo a la banda, dejando el nombre de Harmonium escrito con letras de oro en el rock de su país.

HATFIELD AND THE NORTH
Rumbo al norte
1972
Canterbury, Inglaterra

Antes de decidir llamarse de modo tan peculiar, la banda –formada a partir de un grupo anterior, Delivery– tuvo como primera formación a nombres ya conocidos en la escena de Canterbury: Phil Miller (guitarra de Matching Mole), su hermano Steve (teclista en Caravan), Pip Pyle (batería de Gong) y Richard Sinclair (bajista y cantante de Caravan). Tras unos pocos shows en verano de 1972, Steve Miller deja al grupo y es sustituido por el primo de Richard, Dave Sinclair. Justo entonces consiguen su primer contrato con Virgin Records y cambian su nombre a Hatfield and the North. Tras una aparición en el programa de la televisión francesa Rockenstock, Dave abandona el grupo y su lugar lo ocupa Dave Stewart, proveniente de Egg. Con él queda establecida la formación que entraría a grabar el disco de debut. *Hatfield and the North* (1974), que resultó un trabajo con ciertas influencias de las bandas de origen de cada uno de sus miembros pero aún así, totalmente inclasificable. Hay ciertas partes de jazz, algo de rock cósmico y mucha experimentación, muy en la línea de los futuros National Health. La banda además contó tanto en este disco como en el siguiente con el apoyo de The

Northettes, un trío vocal compuesto por Amanda Parsons, Ann Rosenthal y Barbara Gaskin, esta última vocalista de los recién disueltos Spirogyra.

Tras una gira en otoño compartiendo cartel con Kevin Coyne se preparan para su segundo trabajo. *The Rotters' Club* (1975) resulta quizás ligeramente más accesible en conjunto, pero con la marca de fábrica intacta. Poco después llegaría la disolución y el siguiente paso: Stewart contactó con Alan Gowen de Gilgamesh de cara a formar un nuevo grupo. Con la casi inmediata incorporación de Miller y Pyle, National Health quedaba pues constituido con tres cuartas partes de Hatfield and the North.

En cualquier caso la banda tuvo una fugaz reaparición en 1990 para grabar un especial televisivo, y otra un poco más duradera en 2005, que les llevó de gira por Europa, Japón y Estados Unidos, pero tras un concierto en Groningen, Pyle falleció y el resto, tras un par de fechas más ya apalabradas, una de ellas en el Canterbury Festival en octubre de 2006, cerraron definitivamente su historia.

Para los aficionados más completistas quedan, aparte de sus discos oficiales, dos CD de rarezas –*Hatwise Choice: Archive Recordings 1973-1975, Volume 1* (2005) y *Hattitude: Archive Recordings 1973-1975, Volume 2* (2006) – con demos, grabaciones para la BBC y material en directo.

HENRY COW
Insobornables
1968
Cambridge, Inglaterra

Henry Cow puede englobarse en el rock progresivo pero de forma un tanto difusa, en cuanto nadie puede negarles dicha catalogación pero, al mismo tiempo, reconocer en ellos una multiplicidad de estilos comandados por una furiosa, innegociable actitud de independencia. Fueron progresivos, sí, (ahí está su faceta Canterbury) pero su música se nutrió igualmente de jazz, música clásica del siglo XX, improvisación y rock experimental, así como de una combativa actitud antisistema.

Su historia empieza en Cambridge, a finales de los sesenta. Fred Frith y Tim Hodgkinson, dos estudiantes universitarios, se encuentran allí por primera vez y pronto congenian en base a sus ideas y su modo de afrontar la creación musical. Ellos serían los dos pilares de Henry Cow, casi más un colectivo que una banda al uso, aunque Lindsay Cooper (oboe, fagot) y el batería Chris Cutler fueron también parte importante de la misma a lo largo de su trayectoria.

Tras varios años creciendo como músicos, recogiendo las enseñanzas de artistas como Soft Machine, Captain Beefheart o Frank Zappa, consiguen un contrato con la entonces naciente Virgin Records, y publican *Legend* (1973). También conocido como *Leg End*, es tal vez su álbum más accesible, pese a lo radical de su sonido. Tras un segundo trabajo –*Unrest* (1974)-, de cuyos resultados quedaron satisfechos pero cuya gestación en el estudio estuvo plagada de tensiones, y una nueva gira por Europa, creen estar aco- modándose y deciden radicalizar su propuesta. Entra en escena entonces el trío de avant-pop Slapp Happy, para quienes ejercen de banda en su disco *Desperate Straights* (1975). La química y los resultados fueron inmejorables, y las dos bandas acabaron fusionándose temporalmente en una sola para la grabación del tercer álbum de los Cow, *In Praise of Learning* (1975). Cada vez más aislados e independientes, pasarían los siguientes años en giras europeas casi perpetuas, de las que quedaría el doble en directo *Concerts* (1976) como testimonio. En marzo de 1978 invitaron a cuatro bandas *underground* a un festival que ellos mismos habían organizado: el Rock in Opposition (o RIO), que poco después acabaría siendo un movimiento formado por artistas uni- dos en la negativa a domesticar su música y a seguir los dictados de la indus- tria. En julio de ese mismo año, Henry Cow daría su último concierto en Milán, para regresar al estudio y grabar igualmente su último disco, *Western Culture* (1979), esta vez ya bajo su propio sello Broadcast Records..

STEVE HILLAGE

El hippy que vino del espacio

Stephen Simpson Hillage
2 de agosto de 1951
Londres, Inglaterra

Siendo aún estudiante, con apenas diecisiete años, Steve Hillage tomó parte en Uriel, primera de las muchas bandas por las que pasaría, y con los que grabaría un disco de culto titulado *Arzachel* (1969). Tras separarse, Hillage pasó a cursar estudios en la Universidad de Kent, trabando amistad con nombres incipientes de la escena como Caravan y Spirogyra, y formando en 1971 su propio grupo, Khan, junto a Nick Greenwood, ex miembro del Crazy World of Arthur Brown. Con ellos editaría un sólo disco –*Space Shanty* (1972) – catalogable dentro del sonido Canterbury, antes de pasar a nuevas aventuras.

A saber…en 1973 se une al grupo de Kevin Ayers y graba el clásico *Banamour* (1973), gira con ellos por el Reino Unido y Francia, donde se instala tras el tour para reunirse con Gong, la banda de Daevid Allen, entrando a formar parte de la misma tras participar en las sesiones de *Flying Teapot* (1973). Con Gong grabaría dos discos más al tiempo que preparaba y lanzaba un primer disco bajo su propio nombre, el imprescindible *Fish Rising* (1975), con parte del material compuesto para el –frustrado– segundo disco de Khan, y acompañado por sus aún compañeros en Gong.

Animado por la buena acogida de ese primer trabajo, Hillage emprendería una carrera en solitario que duraría más de una década, trabajando en colaboración con su novia Miquette Giraudy. Discos como *L* (1976), *Motivation Radio* (1977) o *Green* (1978), más el imprescindible doble en directo *Live Herald* (1978), en los que Hillage volcaba su único e indefinible estilo a la guitarra, mezcla de virtuosismo y lisergia para un *space rock* que no debería faltar en el haber de ningún *prog head*.

En 1979 grabó junto a Miquette un disco de *ambient* –*Rainbow Dome Musick*– y pasó buena parte de la década siguiente dedicándose a tareas de producción, trabajando con artistas como Murray Head, Simple Minds, It Bites, Tony Banks o Robyn Hitchcock entre muchos otros. A principios de los noventa Steve y Miquette recuperaron el espíritu de *Rainbow Dome Musick* y empezaron a actuar como dúo, en clave ambient dance, bajo el nombre de System 7, proyecto que dura hasta el presente, y que Steve ha combinado con colaboraciones esporádicas con otros artistas más afines al progresivo, caso de Ozric Tentacles.

En 2008 ambos se unieron a Gong en una de sus miles de reencarnaciones, grabando el disco *2032* (2009) y girando con Allen y compañía durante un par de años, para volver de nuevo a su reducto ambient.

IQ

Por encima de la media

1981

Southampton, Inglaterra

Mike Holmes y Martin Orford formaron IQ en 1981, tras la disolución de su anterior banda, The Lens. En apenas un año el grupo quedó establecido con ellos dos (guitarra y teclados respectivamente) más Peter Nicholls (voz), Tim Esau (bajo) y Paul Cook (batería).

Punta de lanza del llamado neoprogresivo británico, fue comparada en un principio con los Genesis de los setenta, debido principalmente a cierta similitud entre el tono vocal de Nicholls (y su presencia escénica) y el de

Gabriel. No obstante la música de IQ iba mucho más allá, combinando unas inconfundibles pautas sinfónicas con otros estilos como el jazz, el punk e incluso el reggae, con la guitarra de Holmes en un plano siempre destacado.

Prueba de ello son sus dos primeros discos. Tanto *Tales From The Lush Attic* (1983) como *The Wake* (1985) son dos trabajos personales y eclécticos que les ponen en boca de casi todo aficionado en la órbita de las Islas, mientras se dedican a girar constantemente, haciéndose habituales en la programación del famoso Marquee londinense. Pero a finales de 1985 Nicholls, artista inquieto y polifacético (suyas son la mayoría de portadas de los álbumes de IQ) deja la banda y es reemplazado por Paul Menel. Con la partida de Nicholls, la música de IQ y los discos correspondientes *Nomzamo* (1987) y *Are You Sitting Comfortably?* (1989) perdieron parte de su impronta progresiva, volviéndose más *mainstream* pero sin alcanzar demasiado éxito comercial.

El regreso del vocalista en 1990 (que coincidió con la partida de Esau) trajo consigo una cierta vuelta a los orígenes. Así, tanto con *Ever* (1993) como muy especialmente con el doble conceptual *Subterranea* (1997), el grupo retomaba las estructuras progresivas haciéndolas aún más complejas e imbricadas, sin perder por ello su sello distintivo.

Con el nuevo milenio, IQ se mantuvo a altísimo nivel entregando un gran disco tras otro. *The Seventh House* (2000), *Dark Matter* (2004) y *Frequency* (2009) pueden ponerse sin reparos a la altura de sus primeros y clásicos trabajos. De igual modo su producción audiovisual en DVD, documentando sus distintas giras, resulta imprescindible para comprender y completar su trayectoria en los últimos años: *Subterranea: The Concert* (2000), *IQ20 - The Twentieth Anniversary Show* (2004) o *IQ Stage* (2006), refrendados por un nuevo trabajo en estudio –*The Road of Bones* (2014) –suponen el testimonio fehaciente del buen hacer de una de las bandas más coherentes y longevas surgidas de la explosión neoprog.

IT BITES

En tierra de nadie

1982

Egremont, Cumbria, Inglaterra

El caso de It Bites resulta un tanto peculiar dentro del resurgimiento del progresivo en los años ochenta. Demasiado pop para los sinfónicos, y demasiado complicados para los aficionados a los singles de tres minutos, la querencia del grupo por el eclecticismo y su acercamiento en ocasiones al glam y el hard rock les situó en una especie de limbo, adscritos a la escena pero sólo tangencialmente aunque, eso sí, con una sólida base de fans que supieron ver en ellos a una de las bandas más originales de la década, y con una respuesta comercial más que notable a algunos de sus singles.

Con la guitarra y voz de Francis Dunnery como mascarón de proa del proyecto, la banda trabajó duro durante tres largos años antes de conseguir un contrato con Virgin Records, la compañía que les editaría su trilogía clásica: *The Big Lad In The Windmill* (1986), *Once Around The World* (1988) y *Eat Me in St. Louis* (1989). Tres discos que basculaban entre el neoprog, el pop de sintetizadores, el hard glam e incluso el soul y el funk, siempre con el virtuosismo de Dunnery como elemento de cohesión (a él por cierto hay que atribuirle la invención del Tapboard, una pieza de madera sobre la que montó dos mástiles de guitarra en paralelo para usarla en variaciones de la técnica del *tapping*), desorientando con todo ello a buena parte de la crítica, tan propensa al etiquetaje y la clasificación de los artistas en compartimentos estancos.

Una diversidad de estilos que se reflejó también en las bandas con la que giraron en aquella época, ya fuera compartiendo cartel (Go West, Marillion) o como teloneros (Robert Plant, Jethro Tull, Beach Boys) y que pone de manifiesto esa tierra de nadie por la que constantemente se movieron.

Pero aún gozando de un éxito moderado, las tensiones en la banda acabaron con la partida de Dunnery en 1990 y, tras algunos vanos intentos del resto de miembros por sustituirle, It Bites ponía fin –momentáneamente– a su trayectoria con la edición de un disco en directo, el apreciable *Thank You And Goodnight* (1991).

Los noventa y parte del nuevo milenio vieron a los distintos músicos de la banda implicados en otros tantos proyectos, hasta que en 2006 se oficializó la reunión con John Mitchell (Kino, Arena) sustituyendo a Dunnery. Con él al frente la banda grabaría dos nuevos discos, *The Tall Ships* (2008) y *Map of the Past* (2012), ambos excelentes, especialmente el primero, que no desentonan para nada al lado de sus clásicos.

JADIS
Neoprog de etiqueta
1982
Southampton, Inglaterra

Jadis (nombre tomado, por cierto, del personaje de La Bruja Blanca en *Las Crónicas de Narnia*, de C.S. Lewis.) es un ejemplo paradigmático de rock neo progresivo propulsado antes por guitarra –la de su líder y cantante, Gary Chandler– que por teclados, y que al igual que otras bandas de principios de los ochenta se tomó su tiempo antes de debutar discográficamente. En sus primeros años llegaron a telonear a Marillion e IQ, y fue entonces cuando el guitarrista de los primeros, Steve Rothery, se fijó en ellos. El siguiente paso fue producirles una serie de maquetas que acabaron conformando *Jadis* (1989), un primer paso prometedor pero un tanto difuso.

La entrada en la banda del batería Steve Christey, mano derecha de Chandler a lo largo de la historia de la banda, y con la ayuda del teclista Martin Orford y del bajista John Jowitt, ambos miembros de IQ, Jadis haría su entrada triunfal en el mundo del neo prog de la mano de *More than Meets the Eye* (1992), un disco imaginativo y melódico, con un trabajo soberbio de guitarra, que se cuenta entre lo mejor de su producción. Recibido con unánime aplauso y radiado con frecuencia, el disco llevó a la banda a tocar por Europa, con excelentes shows en Alemania, Holanda y Francia, antes de volver al estudio.

Across the Water (1994) no le va muy a la zaga a su anterior álbum, otra magnífica colección de temas recibida con alborozo en medios y fans. Se desvinculan entonces (amigablemente) de Giant Electric Pea, el sello de Orford para el que habían grabado sus primeros álbumes y editan *Somersault* (1997) de forma independiente, aprovechando Dorian Music (propiedad de Rothery) para la distribución.

La recepción del disco fue mucho menos entusiasta, pero la banda seguía en una forma envidiable en cuanto al directo. *As Daylight Fades* (1998), su primer *live* oficial grabado dos años antes en New Forest, Hampshire, da buena prueba de ello.

Orford y Jowitt retornan tras un periodo alejados, debido en parte a sus compromisos con IQ, y Jadis, de nuevo con la formación digamos 'clásica', inaugura siglo y milenio con tres lanzamientos de altísimo nivel: *Understand* (2000), *Fanatic* (2003) y *Photoplay* (2006). Por alguna razón parecen haber perdido el favor de buena parte de la crítica que no tanto tiempo atrás les aclamaba sin pudor, pero ello no les frena, conscientes de tener un limitado pero mullido colchón de fans sobre el que sustentar su trabajo. *See Right Through You* (2012) y *No Fear of Looking Down* (2016) así lo demuestran.

JANE

La fibra sensible

1970

Hannover, Alemania

The J.P.s (Justice of Peace) era una banda germana de pop psicodélico de finales de los sesenta, disuelta en 1970. Varios de sus miembros reformarían la banda como Jane, embarcándose en un nuevo sonido mucho más duro, un hard rock sinfónico de pomposo y apasionado melodramatismo. Liderados por Peter Panka (batería, voz), cuyo característico estilo a las baquetas sería marca distintiva del sonido de la banda, las melódicas armonías de guitarra, la voz de Bernd Pulst y el hammond como telón de fondo completaban su propuesta.

Debutan con *Together* (1972), bien recibido por la prensa especializada, y empieza a partir de ahí un baile de entradas y salidas en la banda que no se detendrá a lo largo de la década, siempre con Panka en el puente de mando.

Here We Are (1973) ahonda en su particular estilo, añadiendo mellotron e incluyendo «Out in the Rain», una balada de tintes épicos que se convertiría en uno de sus temas más conocidos. Para su tercer intento, *Jane III* (1974) abandonan mayormente los teclados y endurecen su sonido con una segunda guitarra, alejándose de sus marcas de identidad en favor de un blues rock que no fue del todo apreciado, al igual que en su continuación *Lady* (1975).

Volverían por sus fueros sinfónicos con *Fire, Water, Earth and Air* (1976), su álbum más ambicioso hasta la fecha y considerado una de sus cimas, no más alta en cualquier caso que su sucesor, *Between Heaven and Hell* (1977), con la que forma una dupla comparable a sus dos primeros discos, en cuanto a calidad. Un poco antes, ese mismo año, graban y publican *Live at Home* (1977), un magnífico doble en directo con todos sus grandes temas hasta el momento, grabado en agosto de 1976 en el Niedersachsenhalle de Hannover.

Age of Madness (1978), siendo un disco más que aceptable, muestra ya ciertos síntomas de indefinición así como de agotamiento en cuanto a fórmula e ideas, que se verá refrendado por cuatro discos más en los que la inspiración fue cayendo en picado, sin rastro apenas de rock progresivo. Sin separarse nunca de forma oficial, el grupo fue a la deriva hasta que en 1992, ahora como Peter Panka's Jane, protagonizarían un olvidable retorno, con un disco fútil.

Un poco más seria fue la segunda reunión en 2002, con algunos de los miembros originales, que por desgracia quedó mutilada por la muerte de Panka en 2007. Jane, como marca y según los deseos del propio Panka, seguiría adelante con Charly Maucher, bajista histórico del grupo, como nuevo líder.

JETHRO TULL
Canciones desde el bosque
1967
Luton, Bedfordshire, Inglaterra

Ian Anderson es el artífice de una de las bandas más particulares, populares e influyentes en toda la historia del rock, al tiempo que él mismo, con su excéntrica actitud en escena y su no menos peculiar imagen en el periodo clásico (atuendos de pordiosero, melena alborotada, tal cual un moderno Fagin salido del clásico de Dickens) se ha convertido en un icono del rock progresivo.

Combo de blues rock en sus primeras grabaciones –*This Was* (1968) y
Stand Up (1969) –, fue con la entrada de Martin Barre (fiel escudero del
genio desde entonces) en este último cuando Anderson empezó a tomar las
riendas compositivas y estilísticas del grupo.

Tras un disco de cierta transición, el muy notable *Benefit* (1970), la banda
encadenó una serie de obras maestras, incorporando elementos de hard rock
y folk a sus cimientos blues para desarrollar un rock progresivo extremada-
mente original, elevando la flauta travesera a instrumento de primer orden.
Aqualung (1971), *Thick As a Brick* (1972) y el excesivo y controvertido *A
Passion Play* (1973) forman una terna insuperable, una fuente de ideas e inspiración de la que beberían docenas de coetáneos.

Ya en la cúspide, el periodo entre 1974 y 1976 les vio parir tres discos
a menudo infravalorados, pero que el tiempo y las escuchas no hacen sino
reivindicar. *War Child* (1974), *Minstrel in the Gallery* (1975) y *Too Old to Rock
'n' Roll: Too Young to Die!* (1976) están repletos de buena música, rock clásico
y progresivo en equilibrada balanza, antes de abrir una nueva etapa.

Siendo el folk parte indisociable de su música, más el hecho de que Anderson acabara de mudarse a una granja en plena campiña hizo que se saca-
ran de la manga *Songs from the Wood* (1977) y *Heavy Horses* (1978), dos im-
presionantes catálogos de prog folk, imbuidos de aires pastorales y folklore
rural sin por ello perder un ápice de su identidad.

Un regreso a sonidos más eléctricos –*Stormwatch* (1979) – y el consiguiente tour desembocan en lo que tendría que haber sido el primer disco
de Anderson en solitario pero que por las clásicas presiones de su compañía
(Chrysalis) fue lanzado bajo el nombre de la banda. *A* (1980) iniciaba una
época de sintetizadores en la música de Jethro sobre la cual mejor pasar de
puntillas.

Recuperarían el mojo con *Crest of a Knave* (1987), dando más cancha a la
guitarra de Barre, y transitarían los noventa con unos cuantos discos más,
nada del otro mundo pero que no afean al completar discografía. Curiosa-
mente su última referencia discográfica fue un entrañable disco navideño,
de obvio título: *The Jethro Tull Christmas Album* (2003), mientras Anderson
lleva años ya dedicado a su carrera en solitario.

K

KANSAS
Entre el oro y el platino
1973
Topeka, Kansas, Estados Unidos

¿Quién no ha escuchado cientos de veces *hit* singles como «Carry On Wayward Son» o «Dust in the Wind»? No hay radiofórmula en el planeta que no los emita a diario, pero Kansas fue mucho más que esos dos temas.

Fusionadas dos bandas de la ciudad de Topeka –Saratoga y White Clover–, el guitarra de la primera (Kerry Livgren) y la sección rítmica de los segundos (el bajista Dave Hope y el batería Phil Ehart) formaron Kansas junto a un segundo guitarra (Rich Williams) y dos cantantes que, además, se ocupaban de teclados (Steve Walsh) y violín (Robby Steinhardt).

Ya desde un primer momento establecieron un sonido característico, mezcla de tradición americana (soul, southern), hard rock y progresivo británico, que les permitía mostrarse virtuosos y accesibles al mismo tiempo. *Kansas* (1974) abrió fuego en esa línea, combinando boogie rock con arreglos sinfónicos, aunque la respuesta del público no fue para echar cohetes. Lejos de desanimarse, la banda continuó en la misma senda con *Song for America*

(1975) y *Masque* (1975), aumentando poco a poco su base de fans girando constantemente por el país.

El éxito estaba a la vuelta de la esquina, no obstante. Primero con *Leftoverture* (1976) y el single «Carry On Wayward Son», y al año siguiente con *Point of Know Return*, con el tema homónimo y muy especialmente con «Dust in the Wind». A partir de ese momento ya llenaban enormes recintos allí donde fueran, y en 1978 visitan Europa por primera vez. De ese periodo saldría el doble directo *Two for the Show* (1978).

Monolith (1979) y *Audio-Visions* (1980), ambos por debajo de sus predecesores, serían los dos últimos discos de la formación clásica. Walsh es reemplazado por John Elefante y la banda deriva su sonido hacia un AOR que apenas deja espacio al progresivo. En 1985 Walsh volvería a la banda, a la vez que saltarían de la misma Livgren, Hope y Steinhardt. El disco resultante, *Power* (1986) les proporcionó su última entrada en el Top 40. La banda continuará adelante con Walsh, Williams y Ehart hasta el día de hoy, sosteniendo un repertorio clásico cuyas cifras de ventas resultan mareantes: ocho discos de oro, tres álbumes multi-platino (*Leftoverture*, *Point of Know Return*, *The Best of Kansas*), un disco de platino en directo (*Two for the Show*) y un single, «Dust in the Wind», que vendió más de un millón de copias. Por si fuera poco, entre los setenta y los ochenta estuvieron presentes en el Billboard durante más de doscientas semanas, un hito al alcance de muy pocos.

KING CRIMSON
Un inagotable laboratorio de ideas
1968
Londres, Inglaterra

Decía Henry Rollins que uno sólo podía confiar en sí mismo y en los seis primeros discos de Black Sabbath. Adaptando la famosa cita al sinfónico, podríamos decir lo mismo pero cambiando a Sabbath por King Crimson…y tal vez aumentar la cifra hasta siete.

Comandados desde su inicio por Robert Fripp, un genio musical que empezó a tocar la guitarra a los once años, por las filas del rey carmesí han pasado más de veinte miembros, algunos tan ilustres como Bill Bruford, Greg

Lake o John Wetton. Dos escuderos se han mantenido, eso sí junto a Fripp, aún con presencias intermitentes, desde los ochenta: el guitarrista Adrian Belew y el bajista Tony Levin.

Formados en 1968, consiguieron tocar en el famoso concierto de los Stones en Hyde Park, en julio de 1969 para tres meses después lanzar uno de los debuts más impactantes de la historia. Comandado por el tema «21st Century Schizoid Man», *In the Court of the Crimson King* (1969), con sus pasajes de mellotron y su combinación de pasajes etéreos y dramáticos *crescendos* fue el punto cero de una serie de obras imprescindibles para comprender buena parte del rock progresivo tal y como lo conocemos. En apenas un lustro, y con constantes altas y bajas en sus filas, la banda entregaría seis obras entre lo sobresaliente y lo excelso: *In the Wake of Poseidon* (1970), *Lizard* (1970) *Islands* (1971), *Larks' Tongues in Aspic* (1973), *Starless and Bible Black* (1974) y *Red* (1974). Un compendio de inventiva y riesgo musical pocas veces visto en la historia de la música rock. Tras ellos, un primer alto que duraría hasta 1980. Fripp se haría entonces con los servicios de Belew y Levin e inauguraría una segunda etapa imbuida de los nuevos sonidos en boga (after punk, new wave) combinándolos con vastas dosis de experimentación en ritmos (especialmente del magelán, música tradicional de Java y Bali) y arpegios. *Discipline* (1981), *Beat* (1982) y *Three of a Perfect Pair* (1984) nacerían de este nuevo estado, para detener de nuevo la maquinaria hasta 1994. A partir de ese momento y convertidos ya más en una especie de laboratorio musical que en una banda al uso, King Crimson ha ido desgranando selectas obras de estudio y una innumerable batería de lanzamientos en directo.

Considerados uno de los principales referentes dentro del progresivo, su paso por la temprana psicodelia y el blues de los sesenta, la música clásica en su vertiente más arriesgada (Bartók, Holst), el folk y el jazz hasta terminar en la vanguardia del siglo pasado les convierten en el dinosaurio que más y mejor ha sabido reinventarse/adaptarse para superar cada glaciación.

KIN PING MEH
Cuentos de hadas para mayores
1970
Mannheim, Alemania

Suele enmarcarse a Kin Ping Meh (nombre adaptado de Jin Ping Mei, una novela china del siglo XVI) dentro de los márgenes del kraut rock, pero como en el caso de otras bandas alemanas de la época, más por un tema coyuntural que no estilístico, pues lo suyo era básicamente un clásico hard rock de tintes progresivos.

Nacidos como quinteto en 1970, la primera formación la componían el cantante Werner Stephan, el bajista Torsten Herzog, el batería Kalle Weber, el teclista Frieder Schmitt y el guitarra y teclista Joachim Schafer (muy pronto reemplazado por Willie Wagner como guitarra). Habituados a versionar temas ajenos, tras ganar varios concursos locales llaman la atención de Polydor, firmando contrato para un primer disco. *Kin Ping Meh* (1972) tuvo tibias –cuando no adversas– críticas en su momento, estando los plumillas más pendientes del minimalismo y las chaladuras del kraut más rompedor, pero el tiempo ha terminado por colocar este debut en un lugar destacado –y no menos merecido– dentro del rock progresivo facturado ese año. Y es que sólo por el tema que abre el disco, ese «Fairy Tales» de impecable desarrollo instrumental, el oído más o menos educado ya advierte que no estamos ante una banda cualquiera. Con *No. 2* (1972), *Kin Ping Meh III* (1973) –con la entrada de Geff Harrison sustituyendo a Stephan– y *Virtues and Sins* (1974) siguieron intentando conseguir un éxito que siempre les fue un tanto huidizo. Tocaban en docenas de sitios distintos, pero según recordaba Gagey Mrozeck, guitarra de la banda desde 1972, "a pesar de que nuestro público se hacía cada vez más numeroso, nunca podíamos predecir si a uno de nuestros conciertos vendrían cincuenta o mil quinientas personas".

Su reputación como banda de directo, no obstante, se mantuvo siempre incólume, y ninguna prueba mejor que el *live* que editaron poco antes de su separación. *Concrete* (1976), grabado en una serie de fechas en otoño del año anterior y editado como doble elepé, es la prueba fehaciente de que sobre las tablas eran unos fieras, auténticos animales de escenario cuyo hábitat natural eran los focos y el *feed back* de la audiencia a escasos metros.

Pero ese esfuerzo por mantener la maquinaria de las giras perpetuamente en marcha, más la escasa implicación de su *management* en cuestiones de promoción fue mermando poco a poco fuerzas y entusiasmo. Así, tras siete años de lucha y de una notable –por momentos excelente– producción discográfica, Kin Ping Meh se despedían con un álbum homónimo en 1977.

KING'S X

Agitado, no mezclado

1987

Springfield, Missouri, Estados Unidos

A pesar de que el nombre de King's X no hace su aparición como tal hasta 1987, los tres miembros del grupo llevaban ya casi ocho años tocando juntos. El bajista Doug Pinnick y el batería Jerry Gaskill habían participado en algunos proyectos vinculados al llamado Rock Cristiano a finales de los setenta, hasta que se cruzaron con Ty Tabor, guitarrista de una banda local y se empezaron a curtir pateándose el circuito de bares y clubs de Springfield, primero bajo el nombre de The Edge y más tarde como Sneak Preview. Atraídos por la promesa de un contrato con Star Song Records, la banda

se mudó a Houston en 1985, aunque finalmente la cosa quedó en agua de
borrajas. Pero en la capital tejana conocieron a Sam Taylor, por entonces
vicepresidente de la compañía de producción de ZZ Top, el cual no tardó en
apadrinarles y, de paso, convencerles para cambiarse el nombre a King's X.
Su debut en 1988, *Out of the Silent Planet*, cosecha buenas críticas pero
escasa repercusión comercial y otro tanto ocurre con *Gretchen Goes to Ne-
braska* (1989), considerado por muchos seguidores de la banda como su álbum insignia. Su peculiar mezcla de metal progresivo, hard rock, soul y funk
parecía especialmente diseñada para triunfar en la década por estrenar, esos
años noventa que tuvieron en la fusión uno de sus principales pilares. Pero
no fue así. Tras un tercer disco a finales de 1990, fichan por Atlantic, la matriz de su sello hasta entonces, pero las tensiones con Taylor van en aumento
y la banda factura música cada vez más oscura e introspectiva hasta acabar
partiendo peras con su mentor.

   En plena explosión grunge, la banda trata de reinventarse. Fichan al reconocido productor Brendan O'Brien y graban *Dogman* (1994), girando a
su vez como teloneros de bandas como Pearl Jam, Scorpions y Mötley Crüe
–de hecho siempre fueron bien recibidos entre los fans del hard– pero las
ventas siguen sin despegar y Atlantic, que había apostado fuerte por el álbum, les retira paulatinamente buena parte de su apoyo. Así, tras un tercer
disco con ellos –*Ear Candy* (1996) – firman con Metal Blade, pasando a experimentar con sonidos electrónicos y otras hierbas y con el que grabarán su
primer directo oficial, el doble *Live All Over the Place* (2004).
   Le seguirá un nuevo cambio de sello y nuevos lanzamientos, ya sea bajo
el amparo del grupo o con proyectos en solitario y colaboraciones varias,
siempre manteniendo esa identidad propia basada en el mestizaje y en la
fusión de estilos.

L

LANDBERK

La belleza en lo sombrío

1992

Estocolmo, Suecia

Junto a Anekdoten y Anglagard, Landberk fueron punta de lanza en el progresivo escandinavo de los noventa. Menos agresivos que los primeros, y tal vez menos complejos que los segundos, la música de Landberk no escapa del tono sombrío afín a la mayoría de grupos de los fiordos, pero son las suyas unas canciones en las que prima la melancolía sobre la oscuridad, la contención dramática sobre los excesos instrumentales.

Formados en 1992 por Reine Fiske (guitarra), Stefan Dimle (bajo), Patric Helje (voz), Simon Nordberg (teclados) y Andreas Dahlbäck (batería), su formación sólo vería el cambio de este último por Jonas Lidholm a partir de su tercer disco.

Su debut *Riktigt Äkta* (1992), cantado enteramente en sueco, no esconde deudas con los sonidos del pasado a base de una guitarra límpida y melódica y, sobre todo, un mellotron que parece recién aterrizado tras volar desde 1971. Una colección de canciones etéreas, con atmósferas densas y subidas de tensión controladas, que regrabaron cantando en inglés, bajo el título *Lonely Land* (1992), cambiando tan sólo el orden del *track list* y sustituyendo una canción del álbum original («Tillbika») por una estupenda revisitación de «No More White Horses», el clásico de culto que Pete Dunton escribió para Please y que popularizaron T2 en su álbum *It'll All Work Out in Boomland* (1970). Un obvio y lógico intento de conseguir mayor proyección internacional, que tendría continuidad, en lo idiomático, en sus dos siguientes trabajos.

Dos trabajos que irían alejándolos paulatinamente de su deuda con los primeros setenta, pues tanto en *One Man Tells Another* (1994) como en *Indian Summer* (1996) su sonido evolucionó hacia zonas alternativas, recordando en cierto modo a bandas como Radiohead y potenciando su faceta after-punk (que la tenían, desde un inicio), trayendo a la memoria ciertos momentos de la Joy Division, sin perder en ningún momento su sello personal.

Indian Summer sería su último trabajo en estudio, aunque un año antes la revista italiana Melodie & Dissonanze editó y distribuyó un directo –*Unaffected* (1995) – que vino a suplir la escasez de material en vivo del grupo. Un live semioficial que da la oportunidad de escucharlos sobre las tablas, con el aliciente añadido de incluir una versión de «Afterwards» de Van Der Graaf Generator, otra banda a la que debían buena parte de su identidad.

La banda se desvaneció un tiempo después, creando un culto a su alrededor que perdura hasta el día de hoy.

LITTLE TRAGEDIES

Tan lejos, tan cerca
1994
Kursk, Rusia

Little Tragedies orbita alrededor de su fundador y compositor principal, Gennady Ilyin. Graduado por el Conservatorio de San Petersburgo, Ilyin ya había hecho sus pinitos en otra banda llamada Paradox cuando formó Little Tragedies junto a Yuri Skripkin (batería) y Oleg Babynin (bajo). Con esta formación, en 1995 graban en Moscú su primera obra, *The Paris Symphony* (2009), un trabajo deudor del concepto del sinfonismo de E,L&P, que permanecerá inédito hasta que el sello francés Musea Records decida editarlo, casi quince años más tarde.

El año 2000 lanzan casi simultáneamente sus dos primeros discos, *The Sun of Spirit* y *Porcelain Pavilion*, tras los cuales Alexander Malakhovsky (guitarra) y Aleksey Bildin (saxo) se unen al trío original. Con este nuevo *line up* editarían *Return* (2005), que junto a los dos anteriores conforma una primera trilogía basada en poemas de Nikolai Gumilev. De hecho muchos temas de la banda –que emplea su lengua materna en las letras– están basados en obras de poetas rusos. El propio nombre de la banda está tomado de una serie de dramas en verso escritos por Alexander Pushkin en 1830.

Al año siguiente Ilyin da forma a su cuarta entrega, un doble disco conceptual titulado *New Faust* (2006), tras el que vendría *The Sixth Sense* (2006), un álbum que supone su consolidación como banda progresiva de primer orden. Sin aparcar del todo las andanadas de moog y hammond y el tono sinfónico afín a todas sus grabaciones, con este disco dan un paso más allá en su dinámica entre galopes sinfónicos y suaves ensoñaciones líricas, siempre con la música clásica en el centro de la diana.

Ilyin se muda entonces a Alemania, mientras el resto de la banda permanece en Kursk, lo que propicia un alto en sus apariciones en vivo, pero sin cesar su actividad compositiva: *Chinese Songs* (2007), editado en dos partes independientes, musicaliza una serie de poemas chinos a los que seguirá *Cross* (2008), de nuevo basado en la poesía de Gumilev.

Ese mismo año 2008 verá la luz un proyecto largamente aplazado: un disco de Navidad enteramente instrumental, titulado *The Magic Shop*. Escrito a principios de 1998, esta especie de ballet mágico sería lanzado en 2009 en

formato de descarga gratuita en su web, como regalo para los fans. El sello
Musea lo editaría posteriormente en 2014.

Tras dos discos más –*Obsessed* (2011) y *At Nights* (2014) –, Little Tragedies
celebraron un concierto especial –el primero en casi siete años– en el Kursk
Philharmonic Hall para celebrar los veinte años de la banda.

LUCIFER'S FRIEND
Buenas y malas compañías
1970
Hamburgo, Alemania

En 1969 John Lawton hizo una serie de actuaciones con su grupo, Sto-
newall, en el Top Ten Club de Hamburgo. Al terminar dicha estancia, los
cuatro miembros de una banda local –The German Bonds– le ofrecen unirse
a ellos y Lawton decide aceptar. Constituidos en quinteto, con Lawton a
las voces, Peter Hesslein a la guitarra, Dieter Horns al bajo, Peter Hecht
ocupándose de los teclados y Joachim Reitenbach a la batería, graban al
año siguiente un primer disco bajo el nombre Asterix, de título homónimo.
Casi de inmediato se cambian el nombre y con no menos premura editan su
debut. *Lucifer's Friend* (1970) les presenta como una banda cruda y potente,
con destellos progresivos pero más cercanos todavía a la oscuridad de unos
Sabbath o la intensidad de unos Zeppelin.

Conocidos por cambiar de pautas constantemente, con *Where the Grou-
pies Killed the Blues* (1972) se muestran más experimentales, combinando
prog y psicodelia, para cambiar nuevamente de tercio en su tercer trabajo,

I'm Just a Rock & Roll Singer (1973), en el que se olvidan por completo de las temáticas oscuras y derivan hacia un rock más clásico.

Llega entonces la cuarta entrega y con ella completan su disco más progresivo. *Banquet* (1974) es un gran trabajo, con una instrumentación compleja, pinceladas de jazz-rock y la voz de Lawton en mejor estado que nunca. Hasta aquí podríamos hablar de carrera ascendente. Porque en su siguiente entrega –*Mind Exploding* (1976) – no consiguieron cuajar del todo la mezcla entre hard y prog y, para más inri, Lawton les abandonaba para unirse a Uriah Heep, siendo sustituido por Mike Starrs, ex Colosseum II. Con Starrs al frente editarían dos discos menores; tanto *Good Time Warrior* (1978) como *Sneak Me In* (1980) se alejaban demasiado tanto de lo metálico como de lo sinfónico, despachando un escuálido y domesticado rock que buscaba infructuosamente fórmulas más convencionales.

Pero Lawton no tardaría en volver. Habiendo grabado su primer disco en solitario –*Heartbeat* (1980) – contando con el *line up* de Lucifer's Friend como grupo de acompañamiento, su regreso a la banda estaba cantado. El disco resultante –*Mean Machine* (1981) – es un retorno a su sonido más agresivo, en la estela de la entonces pujante New Wave of British Heavy Metal. En cualquier caso al año siguiente la banda anunciaba oficialmente su separación, para volver a reunirse brevemente casi una década más tarde y editar un nuevo disco, *Sumo Grip* (1994) bajo el nombre de Lucifer's Friend II.

MAGMA

Saludos desde Kobaïa

1969

París, Francia

¿Cuántos grupos pueden jactarse de haber creado un estilo por sí mismos? Muy pocos, la verdad, pero Magma es sin duda uno de ellos. Surgidos de la inquieta mente de Christian Vander, músico y batería de formación académica, crearon no sólo un estilo musical único dentro del progresivo (el llamado Zeuhl) sino también una cosmogonía propia sobre un planeta ficticio (Kobaïa) en el que se asientan un grupo de refugiados que huyen de la Tierra. Vander ideó asimismo un lenguaje –el *kobaïano*–, en el que canta la mayoría de temas.

Influenciado tanto por compositores clásicos, en especial Carl Orff e Igor Stravinsky, como muy especialmente por el jazz de John Coltrane, Vander moldeó esos ascendientes para dar forma al Zeuhl ('celestial' en *kobaïano*), una música tan pronto oscura como luminosa, rítmica y mudable (casi mutante podría decirse), un arriesgado y experimental cóctel de vanguardia elaborado a base de rock progresivo, jazz y música contemporánea.

Con Vander como ideólogo –aparte de compositor, cantante y batería–, Magma se ha nutrido de numerosos músicos en formaciones cambiantes, fabricando a la vez una discografía tan especial como su música. Sus dos primeros trabajos –*Magma* (1970) y *1001° Centigrades* (1971) – se centran, bajo un estilo cercano al jazz fussion, en la historia del mencionado planeta, mientras que a partir de *Mëkanïk Dëstruktïw Kömmandöh* (1973), uno de sus discos más apreciados, se desarrolla ya el Zeuhl en toda su amplitud.

El concepto de sus álbumes es igualmente tan personal como ellos, siendo cada disco como una pieza para un concepto superior, dividido en piezas épicas y subdividido en movimientos, (y estos en canciones), repartidas entre varios de ellos. Así, 'Kobaïa' englobaría la idea de sus dos primeros trabajos, mientras que 'Theusz Hamtaahk' comprende tres movimientos correspondientes a su tercer y cuarto discos, más un tercero sólo interpretado en directo en la BBC en 1974 (en el año 2001 se publicaría la trilogía completa en el directo *Theusz Hamtaahk-Trilogie au Trianon*). Una tercera trilogía –Ëmëhntëhtt-Ré– engloba sus trabajos hasta final de los setenta.

Activos durante casi cinco décadas, únicos en su género, a partir de ellos el Zeuhl se convirtió en un estilo que han abrazado otras bandas, trascendiendo pues a su creador, al tiempo que se han convertido en arquetipo de banda culta y a la vez excéntrica, admirada por artistas tan dispares como Steven Wilson, Jonny Rotten o el cineasta Alejandro Jodorowsky.

MAGNA CARTA
Los señores del tiempo
1969
Londres, Inglaterra

Surgidos como trío a mediados de 1969, Chris Simpson (guitarra, voces), Lyell Tranter (guitarra, voces) y Glen Stuart (voces) debutaron ese mismo año con un primer larga duración homónimo imbuido de folk más o menos tradicional, con bellas melodías y cuidada instrumentación. Pero con *Seasons* (1970), su segundo trabajo, ya ofrecen una mezcla de elementos acústicos y progresivos, especialmente en la épica *suite* de veintidós minutos que titula el álbum, con la ayuda de diversos invitados (Rick Wakeman entre ellos, no sería la última vez) y con orquestaciones cortesía de la London Symphony Orchestra. Tras la marcha de Tranter, reemplazado por Davey Johnstone, la banda vuelve a sus raíces con *Songs from Wasties Orchard* (1971) un álbum eminentemente folk, casi country en algunos temas, a la vez que registraban y editaban uno de sus conciertos en el mítico Carré de Amsterdam, bajo el escueto título de *In Concert* (1972).

Con la marcha de Davey Johnstone para unirse al grupo de Elton John, Simpson y Stuart reclutan a Stan Gordon y de nuevo arropados por una pléyade de reputados músicos de sesión, en 1973 sale al mercado su *opus magnum*, el disco que junto con *Seasons* les garantizaría un lugar en la historia del rock. *Lord of the Ages* es como un perfecto resumen de lo que eran Magna Carta en aquel momento: un trío de folk con tendencias progresivas, en un momento de inspiración clave. Con el tema homónimo como bandera y casi como (perfecta) definición de lo que fue el prog-folk de los setenta, barajando pasajes acústicos con andanadas eléctricas, y combinando de nuevo fragmentos narrados con melodías convencionales. La conexión con el sinfónico viene dada asimismo por el diseño de portada, obra del maestro Roger Dean, conocido por su trabajo con tantas otras bandas del género.

Como curiosidad, las letras tanto de este álbum como de *Seasons* fueron usadas durante bastante tiempo como parte de los planes de estudios de inglés en diversos países europeos.

En cualquier caso, a partir de ese momento el baile de personal fue continuo (por Magna Carta han pasado nombres como Nigel Smith, Robin Thyne, Pick Withers o Lee Abott, por citar sólo unos pocos), quedando siempre Chris Simpson como capitán en el puente y abandonando casi por completo su parte progresiva, recuperada muy ligeramente en el –por otro lado magnífico– *Prisoners on the Line* (1978) aunque con un sonido más orientado hacia el rock clásico.

MAGNUM
Infalibles
1972
Birmingham, Inglaterra

A principios de los setenta Tony Clarkin y Bob Catley, dos músicos residentes en Birmingham, decidieron crear una banda para funcionar como grupo residente en el Rum Runner, una conocida sala de la ciudad. Ambos – Catley como cantante y Clarkin como guitarrista y compositor principal– se mantendrán estables a lo largo de toda la trayectoria de Magnum. Fogueados en el club, en 1976 pasan a ser banda local en el The Railway Inn mientras ayudan a construir un nuevo estudio a petición de Kim Jones. En vez de pedir un sueldo, Clarkin solicitó ser pagado con tiempo de estudio. De este modo, la mayoría de demos de su primera época fueron grabadas en los Nest Studios, hasta que encontraron compañía en la figura de Jet Records. Para el sello de Don Arden grabarían cuatro discos de estudio y un directo: *Kingdom of Madness* (1978), *Magnum II* (1979), el *live Marauder*(1980), *Chase the Dragon* (1982) y *The Eleventh Hour* (1983) ofreciendo un rock duro de clásico sello británico, con fuerte poso progresivo.

Aún sin despegar del todo, ya empezaban a ver de cerca los *charts*. De hecho con *Chase the Dragon* entraron por primera vez en listas a la vez que engrosaban su *set list* básico con pequeños hits. Y el momento llegó en 1985, con la vuelta del teclista Mark Stanway tras un año fuera de la banda y con su álbum a la postre más conocido. *On a Storyteller's Night* (1985), perfecta mezcla de hits potentes y atmósferas prog, les supuso una ascensión meteórica. Aupados por temas tan redondos como «How Far Jerusalem» o «Just Like an Arrow» consiguen cerrar un mejor contrato con Polydor, se embarcan en un extenso tour europeo y acaban siendo cabezas de cartel en el Monsters of Rock de Donington, en agosto de ese mismo año. Con *Vigilante* (1986) y *Wings of Heaven* (1988) y de nuevo ayudados por singles tan infalibles como «Lonely Night» o «Start Talking Love» Magnum siguen en lo alto; se suceden las apariciones televisivas, los festivales (Reading'87) y los sold outs.

Pero tras *Goodnight L.A.* (1990) y un nuevo directo –*The Spirit* (1991) –, parten peras con Polydor y editan tres discos de menor repercusión hasta su separación en 1995.

En 2001 Magnum se reúnen, editan un nuevo disco –*Breath of Life* (2002) – y sacan adelante una nueva etapa fructífera en lanzamientos (ocho ya, camino del noveno), que pese a no llegar a las cotas alcanzadas en su época ochentera sigue contando con el beneplácito de los fans de siempre, satisfechos de poder seguir disfrutando de una banda ya clásica.

MAN
El orgullo de Gales
1968
Merthyr Tydfil, Gales

Si en la mayoría de bandas progresivas los cambios en la formación son una constante, en el caso de Man el asunto llega a ser puro vicio. Digamos tan sólo que de su *line up* más o menos original –surgido de una banda previa, The Bystanders– formado por los guitarras Micky Jones y Deke Leonard y el bajista Martin Ace, con Clive John a los teclados y Terry Williams a los tambores, los tres primeros se mantuvieron casi siempre como fijos.

Con la voluntad de evolucionar hacia un rock de corte psicodélico y progresivo, en 1968 fichan por Pye Records y de inmediato graban *Revelation* (1969), un álbum conceptual que sufrió ciertas prohibiciones en el Reino Unido a raíz de los orgasmos simulados en el tema «Erotica». Ese mismo año publican *2 Ozs of Plastic with a Hole in the Middle* incidiendo en su vertiente experimental, al que seguiría un tercero homónimo en 1971, publicado por Liberty.

La falta de respuesta comercial a estos primeros trabajos les lleva a firmar con United Artists, para los que grabarían, en apenas cuatro años, un repoker de oro: *Do You Like It Here Now, Are You Settling in?* (1971), *Be Good to Yourself at Least Once A Day* (1972), *Back into The Future* (1973), *Rhinos, Winos and Lunatics* (1974) y *Slow Motion* (1974) en lo que fue su época de máxima creatividad e inspiración.

Al mismo tiempo, su puesta al día de la psicodelia clásica de la Costa Oeste, mezclada con el blues y el rock progresivo, girando de forma constante y desarrollando los temas en jams infinitas, les convirtieron en imbatibles sobre las tablas, y la interminable lista de sus discos en directo –prácticamente una discografía aparte– son buena prueba de ello.

Pero tras publicar *The Welsh Connection* (1976), esta vez con MCA, las diferencias les llevan a disolverse, entrando en un intervalo en el que cada miembro se dedicó a proyectos personales hasta que en 1983 Jones, Leonard y Ace –con el ex Gentle Giant John 'Pugwash' Weathers a la batería– regresan con fuerza, prodigándose en directo y editando cuatro nuevos discos de estudio, hasta que la forzada baja de Jones en 2002, diagnosticado con un tumor cerebral (a causa del cual fallecería años más tarde) y el abandono de Leonard en 2004 dejan a la banda con Ace al frente, hasta el día de hoy.

Hijos predilectos de Gales, banda personalísima e independiente como pocas, su legado recibió un cumplido reconocimiento en 2015, con una exposición en el Swansea Museum titulada *The Evolution of Man 1965-2014, Acid Rock from Wales*.

MARILLION

Dos bandas en una

1979

Aylesbury, Buckinghamshire, Inglaterra

Buque insignia del rock neoprogresivo y, en consecuencia, uno de los principales actores en la resurrección del género en los ochenta, para hablar de ellos hay que hablar de dos bandas muy distintas: los Marillion con Fish al frente, y los posteriores con Steve Hogarth.

Con Derek William Dick, más conocido como Fish, el grupo (cuyo nombre tomaron del *Silmarillion* de Tolkien y acortaron por temas de derechos), grabó cuatro excelentes discos. Ya desde su debut con *Script for a Jester's Tear* (1983) como muy especialmente en *Fugazi* (1984) y *Misplaced Childhood* (1985) –este último un álbum conceptual en la mejor tradición del género– demostraron igual pericia técnica que habilidad compositiva. Ahí quedan para la historia temas inmortales como «Punch & Judy», «Assassing», «Kayleigh» o «Lavender», que convencieron no sólo al público propio sino a parroquias aledañas, desde los nuevos románticos hasta los heavys menos radicales, que supieron ver en ellos la perfecta renovación y puesta al día de un estilo.

Pero tras *Clutching at Straws* (1987) Fish se encontró agotado por las giras y a la vez muy descontento con su mánager, así que ofreció un ultimátum al resto de la banda, que optaron por el segundo. La carrera del vocalista escocés a partir de ahí, extensa y apreciable, merece capítulo aparte.

Sin un segundo que perder, no obstante, Steve Rothery, Mark Kelly, Pete Trewavas e Ian Mosley reclutaron a un nuevo cantante, Steve Hogarth, con el que seguirían adelante a partir de *Seasons End* (1989). Con un registro vocal distinto al de Fish, proviniendo de una escena ajena al progresivo y con todo un ejército de fans de la vieja escuela escrutando sus movimientos, Hogarth y la banda no sólo salieron airosos de la prueba, sino que sentarían las bases de una nueva carrera musical que los ha llevado, durante décadas, a estar en primera fila del género, no sin algunos altibajos comerciales, achacados básicamente al pobre trabajo de promoción de los sellos para los que grababan.

Altibajos que en su momento, a finales de los noventa, decidieron solventar con una práctica hoy muy extendida pero, por aquel entonces, aún en ciernes: un *crowdfunding* para su siguiente disco, que tuvo una magnífica respuesta (más de 12.000 *pre-orders* del álbum) y que dio como resultado el excelente *Anoraknophobia* (2001), inaugurando además una relación cada vez más directa entre el grupo y sus fans, en una simbiosis pocas veces vista en el mundo del rock en general y del prog en particular.

THE MARS VOLTA

Gracias por la paciencia

2001

El Paso, Texas, Estados Unidos

Antes de formar The Mars Volta, el dúo formado por el guitarra Omar Rodríguez-López y el cantante Cedric Bixler-Zavala ya había cosechado un cierto éxito con los seminales At the Drive-In, banda de post-hardcore que legó algunos de los mejores momentos musicales de los noventa.

Sería en 2001 cuando ambos, empezando de nuevo casi de cero, idearon The Mars Volta, uno de los grupos más inclasificables del moderno progresivo, una precisa maquinaria de hard rock, free jazz y psicodelia pasada de rosca, con unos directos apabullantes, finalizados habitualmente por ese irónico "gracias por la paciencia" de Omar.

Un primer EP –*Tremulant* (2002) – fijó la primera formación con Ikey Owens (teclados), Jon Theodore (batería) y Jeremy Ward (efectos de sonido). Por desgracia Ward moriría de una sobredosis (las drogas no les eran algo ajeno en sus primeros tiempos) poco antes de su debut.

Aún sin bajista oficial, Flea de los Red Hot Chili Peppers les echaría un cable en *De-Loused in the Comatorium* (2003), su primer disco, producido por el prestigioso productor Rick Rubin, hasta que poco después incorporan a Juan Alderete, fijo en las cuatro cuerdas a partir de entonces.

Al igual que su predecesor, *Frances the Mute* (2005) sería otro álbum conceptual, y con él la banda empezaría a conocer las mieles del éxito, ayudado por los singles «The Widow» y «L'Via L'Viaquez». Ese mismo año editarán el directo *Scabdates*, grabado durante las giras de presentación de sus dos primeros trabajos.

Trabajador infatigable, Rodríguez-López se instala en Amsterdam trabajando en diversos proyectos en solitario al tiempo que escribe el material para *Amputechture* (2006), tercer trabajo para el que cuentan con la guitarra de otro miembro de los Peppers, John Frusciante.

Theodore fue reemplazado por Thomas Pridgen para el siguiente disco, *The Bedlam in Goliath* (2008), un trabajo tan inspirado como los anteriores pero plagado de incidentes (ataques de nervios, demos desaparecidas, inundaciones en el estudio) que el grupo atribuyó a una tabla de Ouija comprada en Jerusalén. Ahí queda eso.

Con suficiente material escrito para llenar dos discos, según declaraciones de Omar, la banda editaría *Octahedron* (2009) y *Noctourniquet* (2012) para, al año siguiente anunciar que la banda ya no existía como tal. Siguieron con proyectos en solitario (Bosnian Rainbows, Zavalaz...) pero no por mucho tiempo. En 2014 ambos se volvían a juntar con Flea para dar forma a Antemasque, nueva etapa en su incansable periplo artístico.

MATCHING MOLE
Huyendo de la maquina blanda
1971
Canterbury, Inglaterra

En 1970 Soft Machine era un hervidero de problemas. Tres magníficos discos no habían evitado que las últimas giras fueran caóticas y las desavenencias internas cada vez más insoportables. En esa tesitura su batería Robert

Wyatt grabó su primer disco en solitario, *The End of an Ear* (1970), para abandonar definitivamente la nave al año siguiente. No tardó en iniciar un nuevo proyecto junto a David Sinclair (teclados) Phil Miller (guitarra) y Bill MacCormick (bajo), manteniendo él su puesto de vocalista y batería.

Matching Mole, al que bautizó tomando la traducción francesa de su antiguo grupo (Machine Molle) y haciendo un juego de palabras con su pronunciación en inglés, se destapa como puro sonido Canterbury ya desde su debut homónimo en abril de 1972, un disco compuesto enteramente por Wyatt con las solas excepciones de «Part of the Dance», de Miller, y «O Caroline», escrita a medias con Sinclair. Esta última, que hablaba de la reciente ruptura de Wyatt con la artista y activista Caroline Coon, fue editada como single y acabó siendo una de sus piezas más conocidas.

En noviembre de ese mismo año aparece *Matching Mole's Little Red Record*, su segundo y a la postre último larga duración, con Dave MacRae (que ya había colaborado en el primer disco) sustituyendo a Sinclair. Producido por Robert Fripp, este nuevo esfuerzo ve a Wyatt cediendo terreno al resto de músicos en lo compositivo, concentrándose él más en las letras y partes vocales. El álbum contó con varias colaboraciones, entre ellas el sintetizador de Brian Eno en «Gloria Gloom» y la voz de la actriz Julie Christie (acreditada como Ruby Crystal) en «Nan True's Hole».

Cuando el disco estuvo en las tiendas, no obstante, Matching Mole habían sufrido una considerable desbandada. Tras una gira europea teloneando a sus antiguos compañeros de Soft Machine, Sinclair y Miller marcharon para formar Hatfield and The North, con lo cual Wyatt tuvo que recomponer el grupo. Una nueva formación con el ex teclista de Curved Air Francis

Monkman y el saxofonista Gary Windo, más él mismo y MacCormick tenía previsto grabar un tercer disco, pero el infortunio se cruzó en sus planes. En junio de 1973, durante una fiesta en casa de la artista June Campbell Cramer en Maida Vale, Wyatt se precipitó por la ventana de un cuarto piso. El accidente le dejó parapléjico y frustró cualquier plan de futuro para Matching Mole, aunque poco después iniciaría una brillante carrera en solitario que dura hasta el día de hoy.

McDONALD AND GILES

Clásico de culto

1970
Londres, Inglaterra

Ian McDonald y Michael Giles ya eran dos reputados músicos cuando decidieron unir sus fuerzas para un proyecto conjunto, pues ambos habían formado parte nada menos que del *line up* original de King Crimson, responsables de buena parte del sonido de la banda en su histórico debut *In the Court of the Crimson King* (1969).

Pero en plena gira de presentación del álbum los dos abandonaron la nave, incómodos –al decir de McDonald– con el tono demasiado oscuro de la música del rey carmesí. Ambos tardaron apenas unos meses en volver al estudio para dar forma a un disco que, con el tiempo, se convirtió en un pequeño clásico de culto. Grabado en los Island Studios de Notting Hill entre mayo y julio de 1970, con McDonald encargándose de la mayoría de instrumentos (guitarra, piano, órgano, flauta...) y con McGiles dando una clase magistral sobre percusión, la pareja contó además con la ayuda del hermano de éste último, Peter, al bajo, y la colaboración de Steve Winwood –Traffic estaban grabando *John Barleycorn Must Die* (1970) en los mismos estudios justo entonces– al órgano y el piano en el tema «Turnham Green», así como la valiosísima aportación del afamado poeta y letrista Peter Sinfield.

Notablemente más alegre y vitalista que el material facturado hasta entonces con King Crimson, el disco no renuncia por completo a las estructuras de aquél (no olvidemos que McDonald fue no sólo miembro sino parte muy importante en el proceso compositivo del primer disco) pero aligera y dulcifica el tono, manteniendo la complejidad de las armonías pero envolviendo el conjunto con aires más livianos.

Dos piezas largas y complejas –«Suite in C» y «Birdman»– abren y cierran el disco; dos pequeñas sinfonías con sus movimientos perfectamente definidos, pasando del progresivo al jazz, y de ahí al pop con una facilidad pasmosa. En medio, tres temas más de corte entre acústico y eléctrico, melodías pop de ligero acento pastoral, entre ellos la única aportación de Giles al disco «Tomorrow's People -The Children of Today», un tema escrito en 1967 y dedicado a sus hijas Tina y Mandy.

Pese a la calidad de lo entregado, el disco no cumplió las expectativas esperadas en cuanto a ventas y ambos decidieron separarse. McDonald se uniría a Foreigner durante la primera etapa del grupo y seguiría colaborando con músicos a lo largo de los años, incluyendo una breve etapa con King Crimson. McGiles por su parte trabajó un tiempo como músico de sesión y compositor de bandas sonoras.

MELLOW CANDLE

Canciones envolventes

1965

Dublin, Irlanda

Los orígenes de Mellow Candle pueden rastrearse atrás en el tiempo, hasta llegar a 1963. Por aquel entonces, tres precoces jovencitas llamadas Clodagh Simonds, Alison Bools y Maria White formaron un trío llamado The Gatecrashers. Fueron años escolares con numerosas actuaciones improvisadas, hasta que en 1968 Simonds y Bools enviaron una demo al *disc jockey* de Radio Luxembourg, Colin Nichol, que a su vez la hizo llegar a oídos del famoso productor Simon Napier-Bell. Fuertemente impresionado, Napier-Bell organizó una sesión de estudio de la que surgió el single «Feeling High/ Tea with the Sun».

El sencillo estuvo lejos de obtener éxito alguno, y las dos chicas se separaron momentáneamente; Simonds enviada a estudiar a Italia, Bools matriculándose en Arte, al tiempo que seguía cantando versiones en un grupo local. Ello la emparejó con el guitarrista David Williams (con el que acabaría casándose no mucho más tarde), lo cual sumado al retorno de Simonds hizo renacer a Mellow Candle, que ofreció un primer concierto en 1970 como teloneros de los Chieftains. Se prodigaron en directo a partir de entonces, compartiendo escenario con paisanos como Taste, Thin Lizzy o Horslips, procurándose un nombre en la escena.

A la hora de entrar a grabar su debut, la banda sufrió un cambio de formación con el ex Creatures Frank Boylan sustituyendo a Pat Morris al bajo, y con el fichaje –por primera vez– de un batería, William Murray.

Producido por David Hitchcock, Swaddling Songs (1972) exponía a la luz su folk-rock de marcado acervo progresivo, con las dos preciosas voces femeninas interaccionando en alambicadas armonías vocales. Pero por alguna extraña razón el magnífico debut de Mellow Candle pasó desapercibido para el público, vendiendo muy poco y recolectando críticas decepcionantemente tibias.

Ello les llevó a un desánimo que no superaron y así, en 1973, y aún a pesar de haber trabajado duro para que el disco se diera a conocer, en pequeñas giras teloneando a nombres como Curved Air o los mismísimos Genesis, deciden separarse.

Con los años surgió un cierto culto a su alrededor que hizo que las copias originales de *Swaddling Songs* empezaran a cotizarse a precio de caviar, hasta que la reedición del mismo en CD en 1989 vino a paliar un poco ese injusto olvido. Además en 1996 el sello Kissing Spell lanzó *The Virgin Prophet*, una colección de material inédito grabado entre 1969 y 1970, que incluye primerizas versiones de muchos de los temas que acabarían formando parte de su debut.

THE MOODY BLUES

Pioneros del sinfonismo
1964
Birmingham, Inglaterra

Con un primer álbum grabado en mono –*The Magnificent Moodies* (1965) – incluyendo el sencillo «Go Now», número uno en las Islas el año anterior, The Moody Blues eran en un principio tan sólo un combo más en la bulliciosa escena merseybeat y rythm and blues británica, y nada hacía presagiar el giro estilístico que estaba por llegar.

Pero la llegada en 1966 del bajista John Lodge y el cantante y guitarra Justin Hayward –que junto a Mike Pinder (teclados), Graeme Edge (batería) y Ray Thomas (flauta y percusiones) conformarían su alineación más clásica y longeva– iba a cambiar la historia del grupo y, en parte, también la del rock. Endeudados con Decca a causa de unos anticipos y sin haber entregado un segundo álbum, la compañía les ofreció un trato: grabar una versión rock de la *Sinfonía del Nuevo Mundo*, de Dvorák. La banda accedió pero un tiempo después no se vieron capaces de llevarlo a buen puerto. No obstante, y con el apoyo del A&R del sello, lograron convencer a Peter Knight, director asignado al proyecto, para que colaborara con ellos en un disco compuesto enteramente por material original. Y así fue como nació *Days of Future Passed* (1967), una obra que llevó el maridaje entre la música pop y los arreglos orquestales a cotas nunca alcanzadas. Un éxito de ventas rotundo, ayudado además por «Nights in White Satin», uno de los singles más representativos de finales de los sesenta.

A continuación, e incluyendo *Days of Future Passed*, vendría lo que entre los fans del grupo se conoce como 'core seven', esto es, sus siete discos clásicos: *In Search of the Lost Chord* (1968), *On the Threshold of a Dream* (1969), *To Our Children's Children's Children* (1969), *A Question of Balance* (1970), *Every Good Boy Deserves Favour* (1971) y *Seventh Sojourn* (1972). En cada uno de ellos –conceptuales la mayoría– la banda fue incrementando la complejidad de sus instrumentaciones y el sinfonismo de las mismas, aportando buena cantidad de matices psicodélicos y progresivos.

En 1974 se tomarían un descanso, para reunirse de nuevo en 1977 y facturar un disco demasiado alejado de sus patrones más reconocibles. En unos tiempos a caballo entre el punk y la música disco, los sintetizadores de *Octave* (1978) no fueron demasiado apreciados, todo lo contrario de lo ocurrido con su siguiente lanzamiento. *Long Distance Voyager* (1981), con el teclista suizo Patrick Moraz (ex Yes) sustituyendo a Pinder, supuso un enorme éxito de ventas, el último realmente significativo de los Moodies.

NEAL MORSE

Un hombre con una misión

2 de agosto de 1960
Van Nuys, California, Estados Unidos

Compositor, multiinstrumentista, cantante y *front man* de varias bandas de renombre, Neal Morse es referencia obligada en el rock progresivo de los últimos treinta años. Primero, en los noventa, con Spock's Beard y Transatlantic, y en los últimos años con Flying Colors y al frente de su propia banda. Incansable, ubicuo, renacentista casi, su producción en solitario se remonta a 1999, con un primer disco homónimo, seguido por *It's Not Too Late* (2001), dos trabajos de modosita producción pop-rock, sin apenas fintas progresivas, canciones agradables para ascensores y salas de espera, pero poco más.

Pero en 2002 su conversión al cristianismo comportó un cambio decisivo no sólo a nivel espiritual sino también profesional. Abandonando de inmediato las bandas en las que militaba, convencido de que existía cierta incompatibilidad entre sus nuevas creencias y la pertenencia a un grupo al que no quería imponerlas, su siguiente disco en solitario –*Testimony* (2003) – supondría un enorme paso adelante. Cogiendo lo mejor de su producción progresiva y revistiéndola de sus recién adquiridas convicciones, el disco es un magnífico canto sinfónico que, sea uno religioso o no, conmueve por su sinceridad e inspiración. En la gira que siguió, Morse cosechó éxitos noche tras noche, grabando el show ofrecido en el Club 013 de Tilburg en noviembre de 2003 para editarlo al año siguiente en DVD como *Testimony Live*.

Sus dos siguientes trabajos –*One* (2004) y *?* (2005) –, ambos también de temática cristiana, subirían aún más el listón, con un rock sinfónico al alcance de muy pocos artistas. Al año siguiente publicó *Cover to Cover* (2006), un disco de versiones que había ido grabando en estudio junto a Mike Portnoy y Randy George, en las sesiones de sus tres últimos discos, y que abarca de U2 a Badfinger, Joe Jackson o los Monkees, y que vería una segunda parte (*Cover 2 Cover*) en 2012, con los mismos protagonistas.

A sus siguientes trabajos –*Sola Scriptura* (2007), *Lifeline* (2008), *Testimony 2* (2011) o *Momentum* (2012) – cabría añadir los dos álbumes bajo el epígrafe The Neal Morse Band: *The Grand Experiment* (2015) y *The Similitude of a Dream* (2016) sin olvidar las cinco entregas (por el momento) de sus *Worship Sessions*, en esencia música de oración bajo patrones intrínsecamente pop.

Y aún nos dejamos material en el tintero (la banda navideña Prog World Orchestra, el supergrupo tributo a los Beatles con Yellow Matter Custard), en lo que es una de las carreras más prolíficas dentro del rock progresivo contemporáneo.

MOSTLY AUTUMN
Un secreto demasiado bien guardado
1995
York, North Yorkshire, Inglaterra

Mostly Autumn ha descansado buena parte de su carrera sobre cuatro pilares fundamentales: la guitarra de Bryan Josh, los teclados de Iain Jennings, la flauta de Angela Gordon y la voz y el innegable magnetismo de Heather Findlay. Otros han entrado y salido de la banda, pero la mano ganadora siempre ha sido esa.

Provenientes de una banda tributo a Pink Floyd llamada One Stoned Snowman, facturaron en sus inicios una serie de discos en los que al rock progresivo clásico se le añadían no pocas pinceladas de tradición folk y música celta. *For All We Shared...* (1998), *The Spirit of Autumn Past* (1999) y *The Last Bright Light* (2001), en especial este último, mostraron a un grupo de marcada personalidad en sus melodías, de una rara intensidad emocional, sin por ello dejar de percibir las evidentes deudas con la guitarra del maestro Gilmour, ni de establecer igualmente obvias conexiones con los Fleetwood Mac clásicos.

Tras abandonar Cyclops ficharían por Classic Rock Legends, editando con ellos *Music Inspired by the Lord of the Rings* (2001), un disco íntegramente instrumental basado en la obra magna de Tolkien. Pero pese a publicar uno de los mejores discos del grupo –*Passengers* (2003) –, la nueva compañía se dedicó asimismo a saturar el mercado con varios directos que poco aportan al conjunto de su discografía. En vista de todo ello, la banda decide crear su propio sello y publicar sus discos de forma controlada.

Así no tardaron en autoeditarse *Storms Over Still Water* (2005) y *Heart Full of Sky* (2006), siguiendo ambos la estela iniciada en *Passengers*, esto es, reducción notable de los aires más célticos y tradicionales en aras de un hard rock melódico de tintes épicos e inconfundible base progresiva.

A principios de 2010 Heather Findlay anunció su decisión de dejar el grupo. El último concierto que hizo con Mostly Autumn quedó registrado para la historia en el doble DVD *That Night in Leamington* (2010), obligatorio para cualquier fan. Tras su marcha, Olivia Sparnenn pasó de las voces de apoyo a la principal, y el grupo no tardó en inaugurar la formación con un nuevo trabajo, el muy notable *Go Well Diamond* (2010).

En 2013 Josh y Sparnenn contrajeron matrimonio y con la pareja al frente la banda ha editado tres discos más. Tres pequeñas gemas en una discografía impecable, repleta de grandes momentos y que por aquellos caprichos del destino –y de la industria– sigue siendo sólo apreciada por un atento pero lamentablemente reducido grupo de seguidores.

MUSEO ROSENBACH
Así habló Zaratustra
1971
Bordighera, Liguria, Italia

Il Sistema y La Quinta Strada eran dos bandas italianas con un repertorio básicamente de versiones –las habituales de artistas británicos– que en 1971 terminaron fusionándose en una sola, llamada en un principio Inaugurazione del Museo Rosenbach, compuesta por el cantante Stefano 'Lupo' Galifi, Enzo Merogno a la guitarra, Pit Corradi a los teclados, el bajo Alberto Moreno y el batería Giancarlo Golzi.

Ganándose el pan como banda de acompañamiento para artistas como Delirium o Ricchi e Poveri, a los cinco músicos se les presentó en 1973 la oportunidad de grabar un disco para Dischi Recordi, en los estudios del propio sello.

Zarathustra (1973) será la obra resultante de esas sesiones. Un título sobresaliente dentro de la sobrecargada escena italiana de la época, una excelencia que el tiempo sólo se ha encargado de agrandar. Situados en un hipotético punto equidistante entre los primeros Genesis y sus compatriotas Banco del Mutuo Soccorso, los cinco músicos interpretan magistralmente los cinco movimientos de la *suite* homónima que ocupaba por entero la cara A del vinilo, sobre la que dibujan pasajes de trazo suave, constantemente salpicados por cambios de tempo (empujados por guitarra y teclados) y por una voz, la de Stefano, potente y rasgada que no cesa de imprimir personalidad al conjunto. En la segunda cara, tres temas más en la misma dirección completan un disco imprescindible, un hito del progresivo sin distinción de épocas o nacionalidades.

Pero mientras el grupo mantuvo una notable actividad en directo, la vida comercial del disco se vio muy limitada por factores externos. Mientras la crítica especializada y parte de los aficionados lo saludaban como el gran disco que era, su carácter de álbum conceptual basado en textos de Friedrich Nietzsche provocó un cierto boicot de la RAI, que no vio con buenos ojos la conexión con el filósofo alemán, cuyo pensamiento había sido tan manipulado y utilizado por el nazismo. Y que el *collage* en la portada del álbum, obra del ilustrador Cesare Monti, incluyera el rostro de Mussolini, no fue de gran ayuda tampoco.

Museo Rosenbach desaparecieron, pues, casi de la noche a la mañana. Un disco en directo –*Live '72* (1992) – y dos más inéditos –*Rare and Unreleased* (1992) y *Rarities* (1992) – editados a principios de los noventa, propiciaron una serie de reuniones que han acabado por dar una segunda vida a la banda, en el nuevo milenio, con Moreno, Golzi y Galifi como miembros originales.

NEKTAR

Ingleses en Alemania
1970
Hamburgo, Alemania

Una noche de 1970, en el mítico Star Club de Hamburgo, tres músicos ingleses –el teclista Allan Freeman, el bajista Derek Moore y el batería Ron

Howden– habituales en el circuito de clubes de Alemania bajo el nombre de Procephy conocen a un compatriota llamado Roye Albrighton quien, además de carismático, toca la guitarra como pocos. Albrighton acepta la propuesta de unirse a ellos, se cambian el nombre a Nektar y fichan a Mick Brockett como atípico quinto miembro, un técnico de luces que se encargaría del aspecto visual de sus shows.

Firman con el sello alemán Bellaphon a finales de ese año y editan *Journey to the Centre of the Eye* (1971), al que seguirá *A Tab in the Ocean* (1972), dos primeras andanadas conceptuales de rock espacial y densa psicodelia que empiezan a granjearles un estatus de culto en Alemania.

Su siguiente trabajo sería *Sounds Like This* (1973), un doble disco grabado en directo en el estudio, en un intento de recrear su sonido sobre los escenarios. Un disco con largas *jams* improvisadas que fue además su primer título editado en Gran Bretaña. Fue ese un año importante para la banda, porque con *Remember the Future*, su cuarto trabajo (de nuevo conceptual), dieron por fin el gran salto, entrando en las listas americanas y certificándose disco de oro sin que la banda hubiera puesto los pies allí siquiera una vez. Lo solucionaron prontamente con un exitoso tour por Estados Unidos. El disco, además, mostraba una cara menos agreste que los anteriores, más progresiva y melódica en conjunto, que continuaría con *Down to Earth* (1974) y *Recycled* (1975), con los que siguen girando extensa y repetidamente por Norteamérica, llevando un show tan espectacular que necesitaban un Jumbo para transportar los equipos de luz y sonido.

La presión del negocio llevó a Albrighton a un breve abandono, siendo reemplazado por Dave Nelson, con el que grabarán *Magic is a Child* (1976), un pequeño bajón del que se recuperarán con la vuelta del guitarrista y con *Man in the Moon* (1980), una más que digna despedida ahora sí, definitiva.

O eso parecía, hasta que en 1999 y tras superar una dolencia de hígado que no le llevó a la tumba de milagro, Albrighton reforma Nektar y, contando con sus antiguos compañeros de forma alternativa, y con el apoyo de nuevos músicos, dota a la banda de una segunda vida que ya ha ofrecido cinco nuevos discos de estudio, y cuyas dos primeras entregas –*The Prodigal Son* (2001) y *Evolution* (2004) – pueden archivarse sin complejos junto a sus clásicos. Por desgracia la salud de Albrighton volvería a resentirse, y finalmente fallecería en julio de 2016.

NEU!
¿Problemas pop? Soluciones pop art
1971
Düsseldorf, Alemania

Experimentales, iconoclastas, visionarios...muchas cosas se han dicho de Neu! Sin ellos, buena parte del post-rock, el noise, la electrónica y el rock industrial que conocemos no sería lo mismo. O tal vez ni serían.

El dúo se formó en 1971 cuando Michael Rother (guitarra) y Klaus Dinger (batería) abandonaron Kraftwerk, en colaboración con el productor de estos, Conny Plank.

Plank de hecho fue casi un tercer miembro de la banda, ejerciendo de árbitro entre los antagónicos caracteres de Dinger y Rother.

Con esa dicotomía nació *Neu!* (1972), un tratado en el que se mezclaba ambient, guitarras y el característico, hipnótico patrón rítmico de cierto sector del krautrock conocido como motorik, sazonando el conjunto con melodías minimalistas y ruidos varios.

Tras la más que aceptable respuesta del público, se centran en un segundo disco que completan no sin ciertos problemas. Al quedarse sin dinero y sin ayuda financiera de su compañía, deciden remezclar un single ya grabado, pero a distintas velocidades (16 y 78 rpm) y en diferentes aparatos. Con esta argucia consiguieron el mínimo de canciones para completar el álbum, a la vez que perpetraron un acto casi revolucionario en su momento, precursor sin duda de algunos elementos en varios subgéneros de la música electrónica. Según Dinger, fue "una solución pop art a un problema pop".

Tras *Neu!2* (1973) ambos músicos se separarían de forma temporal. Rother formó Harmonia junto al dúo Cluster, mientras que Dinger formó un nuevo proyecto llamado La Düsseldorf.

A finales de 1974 vuelven a trabajar juntos, contando en esta ocasión con Thomas Dinger (hermano de Klaus) y Hans Lempe como baterías, ambos miembros de La Düsseldorf. *Neu!* '75 (1975), su tercer trabajo, se nota claramente dividido en dos mitades: las tres primeras canciones, más cercanas al ambient y a los esquemas de Rother y la cara B, más inspirada por la visión de Dinger, con temas considerados puro proto-punk. Tras la grabación de *Neu!* '75 el grupo se separaría de nuevo, volviéndose a juntar una sola vez entre 1985 y 1986 para grabar *Neu!* 4 (1995), el cual quedó en un cajón hasta que salió al mercado casi diez años después. En realidad los tres primeros discos del grupo también estuvieron descatalogados durante décadas debido a conflictos legales y desacuerdos, circulando sólo como *bootlegs*, hasta que fueron reeditados oficialmente en CD a mediados del año 2000 en los sellos Grönland, Astralwerks y EMI Electrola.

NEW TROLLS

Talento innato

1967

Génova, Italia

Aunque se tienda a hablar menos de ellos que de otros compañeros de viaje, Vittorio De Scalzi, Nico Di Palo, Mauro Chiarugi, Giorgio D'Adamo y Gianni Belleno o lo que es lo mismo, los New Trolls, fueron uno de los grupos más populares en la historia del rock italiano, artífices de una serie de hits que golpearon fuerte las listas en la segunda mitad de los sesenta.

Pero tras un par de elepés de cierta adscripción beat, su inmersión completa en el rock sinfónico vendría validada –ya sin Chiarugi y con la banda como cuarteto– por *Concerto Grosso Per I New Trolls* (1971), un disco pionero en la fusión entre música clásica y rock, influyente como pocos y que a la postre se convertiría en su álbum más emblemático. No en vano recurrirían a él periódicamente, cuando las musas se ausentaban, para producir hasta tres secuelas. *Searching for a Land* (1972), con temas en directo y en estudio, y *UT* (1972) llevaron a la banda a un traumático cisma.

Mientras De Scalzi quería profundizar en el ecléctico progresivo de la banda, el otro guitarrista, Di Palo, se decantaba más hacia el hard rock apuntado en *UT*. Así, Di Palo marcharía para formar Tritons y más tarde Ibis, mientras Scalzi, junto a D'Adamo trataría de seguir como New Trolls. De hecho en 1974 llegarían a editar un siete pulgadas –«Una Notte Sul Monte Calvo», basada en las famosas piezas de Mussorgsky– manteniendo el nombre, pero cuitas legales les obligaron a rebautizarse como New Trolls Atomic System. Tras un par de discos bajo esta nueva denominación, De Scalzi –que ya podía volver a usar legalmente el nombre de New Trolls– se reconcilió con Di Palo y así, junto a Belleno y D'Adamo, emprendieron una nueva andadura de la banda. Un disco en directo –*L.I.V.E.N.T* (1976) – precedió por unos meses a *Concerto grosso no. 2* (1976), segunda parte que no recibió los mismos parabienes de la original.

Con la entrada en 1978 de un nuevo teclista, Giorgio Usai, el grupo se fue poco a poco distanciando de sus componentes progresivos en favor de un pop descaradamente comercial, música ligera para todos los públicos que les proporcionó, eso sí, un buen puñado de *hit* singles más. Y es que su talento para la melodía pegadiza era innato, independientemente del estilo en el que se movieran, según soplara el viento.

Los New Trolls se mantendrían en esa dirección hasta bien entrados los años noventa y desde entonces hasta hoy su nombre ha ido apareciendo de forma intermitente, aunque sin ningún atisbo de proyecto a largo plazo.

NIGHT SUN
Luz, más luz
1970
Mannheim, Germany

El origen de Night Sun hay que buscarlo en un combo de jazz llamado Take Five, que tuvieron cierta relevancia en el sur de Alemania a finales de los sesenta. Tras decidir cambiar de tercio, se cambian el nombre a Night Sun Mournin, que pronto acortarán quitando la última palabra.

Con una formación clásica de cuarteto –tras no pocos cambios previos– que incluía a Bruno Schaab (voz, bajo), Walter Kirchgessner (guitarra), Knut Rossler (teclados, saxo) y Ulrich Staudt (batería), se hacen con los servicios del reputado productor Conny Plank, que se los lleva desde su base de Manheim hasta los Windrose Studios de Hamburgo para dar forma a un primer trabajo, que a la postre acabará siendo también el único.

Mournin' (1972), evidente guiño a su nombre original, les presentaba en sociedad con nueve temas de heavy rock, con estructuras progresivas en no pocos momentos, no muy lejos de lo que en aquellos momentos estaban haciendo Uriah Heep, Atomic Rooster o sus compatriotas Lucifer's Friend.

Asimismo la guitarra de Kirchgessner no puede esconder ciertas deudas con la de Ritchie Blackmore, al igual que la voz de Schaab trae a la memoria la de Robert Plant, pero donde realmente se aprecia una comparación *ad hoc* es con power tríos de contrastada densidad bluesera, tales como Sir Lord Baltimore o Dust. Pero aun partiendo de referencias tales, su hard progresivo se revela notablemente oscuro y denso, tal vez sin llegar a los niveles de Sabbath pero mostrándose más versátiles que los de Birmingham; sus repentinos e inesperados cambios de ritmo, los riffs conjuntos de guitarra y órgano y un saxo reminiscente de sus inicios jazzies dotaron a sus canciones de una personalidad que trascendía el simple rock duro.

Esa versatilidad es posible que jugara en su contra, pues el éxito les rehúye. ¿Falta de una promoción adecuada? ¿No eran ni el sitio ni el momento adecuados? ¿O pura y simple mala suerte? Sea por lo sea, Kirchgessner dejó la banda poco después de editarse Mournin' y el grupo se disolvió al año siguiente.

Schaab se unió por un corto espacio de tiempo a los krautrockers Guru Guru, mientras que Kirchgessner se alejó del mundo del rock, abrazó el cello y se dedicó a tocar en distintas orquestas sinfónicas y cuartetos de cuerda. La pista de Rossler y Staudt se pierde casi de inmediato. *Mournin'* pasó pues a dormir el sueño de los justos durante más de dos décadas, hasta que en 1997 el sello germano Second Battle lo trajo de vuelta en formato CD.

NOSOUND
La música como catarsis
2002
Roma, Italia

No es el único caso, el de Giancarlo Erra, de músico que inicia un proyecto personal, ocupándose en solitario de todo el proceso hasta llegar a un punto en que se hace necesario el respaldo de una banda para seguir evolucionando. Entre 2002 y 2005, Erra grabó una considerable cantidad de música autoeditada en demos, con la ocasional ayuda del bajista Alessandro Luci.

Presentados en sociedad con *Sol29* (2005) llegó el momento de enfrentarse al directo, así que Erra juntó a una serie de músicos para dar forma definitiva a Nosound y embarcarse en una pequeña gira de la que saldría el DVD *The World Is Outside* (2006). El público no tarda en prestar oídos a la hermosa, melancólica concepción del progresivo de los italianos, imbuida de post rock y ambient y guiada siempre por la guitarra de Erra, tan precisa como emotiva, en una hipotética liga en la que jugarían también Porcupine Tree, Sigur Ros o Pink Floyd.

Lightdark (2008) sería el primer álbum grabado como banda (Erra y Luci acompañados por Paolo Martelacci (teclados), Gabriele Savini (guitarra acústica) y Gigi Zito (batería), tras el cual fichan por Kscope y cierran fechas en varios festivales.

El retorno al estudio con *A Sense of Loss* (2009), en el que contaron con la participación de un cuarteto de cuerda, supuso otro gran paso en su consolidación, la cual llegaría con el magistral *Afterthoughts* (2013), el disco que acrisola todas sus virtudes, regalando a la comunidad progresiva joyas como «In my Fears», « I Miss the Ground» o «Wherever You Are», canciones de una tristeza extrañamente positiva, música taciturna pero a la vez esperanzada. El propio Erra ha dado pistas en alguna entrevista al respecto: "Escribo música para mí mismo; me resulta catártico. Es el único modo que conozco de extraer sentimientos como la tristeza, los remordimientos o la melancolía y tratar con ellos (...) a través de la música puedo transformar algo pesado y negativo en algo hermoso, algo para compartir y conectar con los demás".

Invitados a la segunda edición del Starmus Festival –una semana de conferencias científicas y eventos artísticos y musicales que se celebra periódicamente en las Islas Canarias-, en septiembre de 2014 la banda de Giancarlo Erra ofreció un concierto en el Observatorio del Teide, en Tenerife. El disco resultante – *Teide 2390* (2015) –, acompañado de un DVD con parte del show, y su última entrega en estudio –*Scintilla* (2016) – reafirman a Nosound en la cima del género, adalides de su futuro.

NOVALIS

Majestuosidad sinfónica

1971

Hamburgo, Alemania

Un anuncio en un periódico de Hamburgo, escrito por el cantante Jürgen Wentzel y el bajista Heino Schünzel, pedía músicos para formar una banda. Era el año 1971 y a la demanda respondieron el teclista Lutz Rahn y el batería Hartwig Biereichel. Los cuatro ficharon al cabo de poco al guitarrista Carlo Karges y formaron Mosaik, nombre efímero que cambiaron por Novalis. Su primer disco, *Banished Bridge* (1973) ya se basaba primordialmente en el hammond y los sintetizadores de Rahn, pero el conjunto era todavía un tanto titubeante.

Se suceden entonces diversos cambios: Schünzel se hace cargo de las voces tras la salida de Wentzel, a la vez que Detlef Job sustituye a Karges. Con esta formación grabarán su segundo disco –homónimo–, en 1975. Y aquí ya hablamos de algo mucho más serio. El sonido de la banda quedaba configurado en base a una majestuosidad sinfónica –en el tema «Impressionen» incluyeron pasajes de la Sinfonía Nº 5 de Anton Bruckner– propiciada por los teclados, sobre la que trabajan, discretas pero efectivas, guitarra y sección rítmica.

A sugerencia del productor Achim Reichel, además, cambiaron a su idioma nativo (que ya no abandonarían), incluyendo en dos temas sendos textos del poeta romántico del que tomaron su nombre.

La continuación a este primer trabajo –*Sommerabend* (1976) – marca su punto álgido como banda, ayudados por el fichaje del austríaco Fred Mühlböck. Vocalista de potente registro, era la pieza que les faltaba para alcanzar el éxito tanto en Alemania como en otros países europeos. *Brandung* (1977), el imprescindible directo *Konzerte* (1977), *Vielleicht Bist Du Ein Clown?* (1978) y *Flossenengel* (1979) son todos trabajos característicos del progresivo germano de finales de los setenta, con unos altísimos estándares de calidad.

La nueva década trajo cambios a peor. Por un lado Schünzel dejó el grupo tras la publicación de *Augenblicke* en 1981, y por otro la llamada Neue Deutsche Welle (nueva ola alemana), derivada del after punk y la new wave, barrió con sus sonidos electrónicos a todas aquellas bandas como ellos, ancladas en un sonido totalmente ajeno a lo que demandaba el público en ese momento.

Se resistieron a desaparecer, eso sí, aguantando hasta mediados de los ochenta, pero los cambios en la dirección musical que se pretendían resultaron infructuosos, con lo que en 1985, tras publicar *Nach Uns Die Flut*, la banda puso fin a más de diez años de carrera, dejando tras de sí varios discos clásicos del rock alemán.

O

MIKE OLDFIELD

Genio precoz

Michael Gordon Oldfield
15 de mayo de 1953
Reading, Berkshire, Inglaterra

Fogueado en bandas locales o en dúos folk junto a su hermana Sally, Mike Oldfield llegó a formar parte del grupo del ex-Soft Machine Kevin Ayers, mientras iba dando forma a su primer álbum. *Tubular Bells* (1973), primer lanzamiento de Virgin Records, le lanzó al estrellato con tan sólo veinte años. Tocando él mismo más de veinte instrumentos distintos, y con el tema título formando parte de la famosa película *El Exorcista*, de William Friedkin, su momento había llegado. Y no lo desaprovechó.

Con un talento innato tanto para la composición como para la interpretación –guitarrista en esencia pero multiinstrumentista excepcionalmente capacitado–, y su habilidad para mezclar progresivo clásico con sonoridades por aquel entonces aún en ciernes (world music, ambient, new age...), sus trabajos a lo largo de los setenta se pueden contar por triunfos: *Hergest Ridge* (1974), *Ommadawn* (1975), *Incantations* (1978) o *Platinum* (1979) le mantuvieron casi perenne en lo alto de las listas.

A finales de esa década, y para contrarrestar su carácter introspectivo y su tendencia a la reclusión, se sometió a una polémica terapia llamada Exegesis que al parecer dio buenos resultados y le permitió enfrentarse al directo libre de miedos y fobias.

Los ochenta vieron un cambio sustancial en su forma de componer: temas más cortos y directos, y un acercamiento al pop en el que se mostró igualmente infalible. Así «Family Man», «To France» o el archiconocido «Moonlight Shadow», este último además tema insignia de *Crises* (1983) obra mayor en su discografía, descubrieron a un nuevo artista, reinventándose sin perder su esencia.

Tras fichar con Warner a principios de los noventa, Olfield seguiría picoteando en distintos estilos, adentrándose en la *new age* pero con álbumes musicalmente conceptuales –caso de *Voyager* (1996), su particular acercamiento a la música celta– y grabando nuevas partes de *Tubular Bells*, así como regrabándolo para su trigésimo aniversario.

En 2004 cambia de nuevo de compañía, firma con Mercury y graba para ellos su primer disco de música clásica, enteramente orquestal, titulado *Music of The Spheres* (2008), poco después de publicar su autobiografía, *Changeling*.

Siempre con nuevos proyectos en mente, siempre en busca de nuevos retos, a principios de 2017 publica *Return to Ommadawn*, secuela de su tercer álbum, con el que apunta un cierto retorno a sus raíces y con el que demuestra que sigue siendo un músico tan virtuoso como inquieto, tan elegante como ecléctico.

OPETH

Cuando el rugido se atempera
1989
Estocolmo, Suecia

La evolución de Opeth como banda ha sido singular. Formados en 1989 por dos chavales apenas salidos de la pubertad – David Isberg y Mikael Åkerfeldt–y orientados claramente hacia el death metal, su carrera contiene no pocos giros de timón hacia un hard progresivo, en el que parecen, con sus últimos trabajos, definitivamente instalados.

Densos y oscuros en sus inicios, su trilogía inicial formada por *Orchid* (1995), *Morningrise* (1996), y *My Arms, Your Hearse* (1998) revela a una banda con ganas de trascender el género. Sí, ahí están los clásicos riffs del death y la voz gutural, oscurísima…pero igualmente hay destellos acústicos, teclados e incluso pasajes con las voces en modo tradicional. Y, como pista hacia el futuro, la duración de los temas, muchos pasando de los diez minutos, y el carácter conceptual del tercer disco, que no sería el último como tal.

Siempre de la mano de Åkerfeldt –compositor, cantante y guitarrista y único miembro original– tanto *Still Life* (1999) como *Blackwater Park* (2001) suponen un cambio sustancial, potenciando los pasajes calmados tras las tormentas de decibelios. Con el segundo, además, inician su relación profesional con Steven Wilson, alma mater de Porcupine Tree. Ocupado aquí básicamente en tareas de producción, el londinense será pieza accesoria pero fundamental de la banda en los años subsiguientes, tanto tras los controles como músico añadido a la banda en estudio.

Tras su primera gira mundial promocionando *Blackwater Park*, la banda se encierra para grabar, simultáneamente, sus dos siguientes trabajos. Editados con unos meses de diferencia, *Deliverance* (2002) y *Damnation* (2003) muestran las dos caras de Opeth en ese momento. Material heavy de altísimo octanaje el primero, mucho más acústico y cercano al progresivo clásico de los setenta – ¡ese mellotron! – el segundo.

El año 2005 vería el lanzamiento de uno de sus mejores trabajos, el parcialmente conceptual *Ghost Reveries*, al que seguiría en 2007 *The Roundhouse Tapes*, doble CD grabado en directo en el mítico recinto de Londres. Desde entonces y con la excepción de *Watershed* (2008), aún con elementos death y voces guturales, el resto de sus trabajos –*Heritage* (2011), *Pale Communion* (2014) y *Sorceress* (2016) – pueden archivarse ya sin reparos bajo la etiqueta progresiva. Una circunstancia que, si por un lado les ha hecho perder algunos seguidores, nostálgicos de su época más metálica, les ha proporcionado una nueva base de fans que admiran su capacidad de reinvención.

LE ORME
Trío de ases
1966
Marghera, Venecia, Italia

En el contexto del rock progresivo italiano de los setenta, Le Orme son palabras mayores. Facturaron grandes discos, de un sinfónico exquisito, aunque en sus primeros días la banda, comandada por Aldo Tagliapietra (voces y guitarra), eran tan sólo un combo más de beat y psicodelia con la mirada puesta en Londres.

El día antes de lanzar su primer single, en 1967, entraba Michi Dei Rossi sustituyendo al batería original y poco antes de lanzar su primer disco –*Ad Gloriam* (1969) – se les unía Tony Pagliuca a los teclados, quedando constituidos como trío.

Su segundo trabajo, *Collage* (1970), ya con un sonido netamente progresivo, subió alto en las listas, éxito que repitieron con *Uomo di Pezza* (1972), considerada su primera gran obra y que contó con el respaldo de un *hit* como «Gioco di bimba». Tras editar el disco giraron por Italia compartiendo cartel con Peter Hammill y preparándose para asestar el golpe definitivo con su cuarto elepé, *Felona e Sorona* (1973). Éxito de crítica y público, la exquisitez sinfónica de este icónico trabajo lo ha colocado como un referente en cuanto se habla de progresivo italiano. A propuesta de Tony Stratton-Smith, *capo* del sello Charisma, regrabaron el disco con letras en inglés, de cuya traducción se encargó precisamente Peter Hammill. Fue su momento de mayor proyección, cerrando fechas en el Reino Unido, incluyendo un show en el Marquee. A principios de 1974 publican *In Concerto*, grabado en directo en el Teatro Brancaccio de Roma, al que seguirá poco después *Contrappunti*, que de nuevo triunfa en *charts* pero sin alcanzar los niveles de su predecesor.

Para su siguiente elepé se trasladan a Los Angeles. El resultado, de título *Smogmagica* (1975) y sonido demasiado facilón, no contenta a sus fans, y aunque recuperarán un tanto el crédito con *Verita Nascoste* (1976) y *Storia o Legenda* (1977), en vista de los vientos adversos que soplaban en el negocio deciden cambiar de tercio y grabar dos discos con instrumentos clásicos, más cercanos a la música de cámara que al rock: *Florian* (1979) y *Piccola Rapsodia dell'Ape* (1980). Ambos tuvieron buena aceptación, pero un nuevo trabajo en clave pop –*Venerdi* (1980), de escasa personalidad– les dejó en fuera de juego.

Reflotarían en 1986, manteniendo vivo desde entonces el espíritu del grupo, pese al abandono de Pagliuca en 1992, y grabando notables trabajos –muy espaciados en el tiempo– hasta que a finales de 2009 Tagliapietra dio también su adiós, dejando a Dei Rossi a los mandos.

P

PALLAS

Perseverantes
1980
Aberdeen, Escocia

Aunque funcionando desde 1976 como Rainbow, nombre que cambiaron al bautizar del mismo modo a su banda Ritchie Blackmore tras su salida de Deep Purple, Pallas empezaron a trabajarse el circuito de clubs a principios de los ochenta, llegando a ser cabezas de cartel en el Marquee de Londres, por aquel entonces cuna de varias bandas neoprogresivas.

Una primera formación con Euan Lowson (voz), Nial Mathewson (guitarra), Ronnie Brown (teclados), Derek Forman (batería) y Graeme Murray (bajo) se autoeditaría un primer álbum –*Arrive Alive* (1981) – compilación de temas en estudio y directo de pedestre sonido que, muy influenciado aún por el hard rock y la new wave, no dejaba entrever lo que llegaría tiempo después. Con todo, consiguen un contrato con EMI para grabar su primer elepé como tal, que pretenden basar en «The Atlantis Suite», una pieza de corte épico, básica en su repertorio de directo, pero que finalmente sólo pudo incluirse parcialmente por presiones de la compañía. A pesar de ello *The Sentinel* (1984) resultó un magnífico disco de neoprog, y su obra más recordada al cabo de los años.

Las presentaciones en directo del disco, con una elaborada puesta en escena, no generaron el interés suficiente y así, con Alan Reed sustituyendo a Lowson grabarían *The Wedge* (1986), un segundo disco de muy alto nivel tras el cual la banda entraría en un prolongado periodo de silencio discográfico, apareciendo y desapareciendo de la escena durante trece largos años hasta la aparición de *Beat the Drum* (1999), un retorno –de nuevo autoeditado– por todo lo alto que mantenía sus esencias sinfónicas a la vez que recuperaba el sonido afilado de sus inicios. La buena respuesta del público confirmó que los viejos fans no les habían olvidado, al tiempo que reavivó el interés por la banda en la nueva era de internet. Y aunque Pallas se había convertido en una ocupación a tiempo parcial para sus componentes, se las arreglaron para llevar a cabo giras por Europa y Estados Unidos, de forma ocasional, y con la ayuda del sello InsideOut editaron dos nuevos y excelentes trabajos: *The Cross & the Crucible* (2001) y *The Dreams of Men* (2005). En 2010, tras un cuarto de siglo siendo la voz de Pallas, Reed dejaba su puesto a Paul Mackie, con el cual grabarán dos discos más –*XXV* (2011) y *Wearewhoweare* (2014) –, el primero una continuación temática y estilística de *The Sentinel*, y continuarán adelante en un camino que no siempre ha sido fácil, pero al que nunca –por suerte– renunciaron.

PENDRAGON

Toda una institución

1978

Stroud, Gloucestershire, Inglaterra

Pendragon fueron mascarón de proa del primer contingente neo progresivo a finales de los setenta. Nick Barrett (guitarra y voz) y Peter Gee (bajo), miembros fundadores y fijos en la banda durante toda su carrera, decidieron pronto acortar el rimbombante nombre original –Zeus Pendragon– y trazar una discografía que se ha convertido en una de las más sólidas surgidas de aquel movimiento.

Los años ochenta vieron sus dos primeras grabaciones, más algunos EP, aún un tanto titubeantes en cuanto a un estilo definido. Con la llegada de Clive Nolan en 1986 para encargarse de los teclados, el triunvirato quedaba visto para sentencia, con tan sólo el puesto de batería sufriendo reemplazos regulares.

Los noventa les verían llegar en su mejor versión. Primero con *The World* (1991), ya más progresivo y personal que lo facturado hasta entonces, al que seguirían tres discos que son tres auténticos clásicos. *The Window of Life* (1993), *The Masquerade Overture* (1996) y *Not of this World* (2001). Con ellos sentarían las bases de un rock progresivo grandilocuente pero no excesivo, usando el virtuosismo de cada uno de ellos como vehículo y no como arma, componiendo temas de una calidad indiscutible, con melodías y estructuras bien delimitadas.

Buena prueba de ello es el disco que editaron en 2002 –*Acoustically Challenged*–, revisando en clave *unplugged* buena parte de sus clásicos, un reto al alcance de pocas bandas progresivas y que sólo puede llegar a buen puerto cuando el armazón de las canciones tiene la suficiente calidad para sostenerse por sí solo. El disco fue bien recibido por unos fans que, pese a seguir siendo relativamente poco numerosos en su país, habían ido creciendo en el resto de Europa y muy especialmente en Polonia.

El proyecto acústico les motivó para ir un paso más allá en su propia concepción del progresivo y con *Believe* (2005) consiguieron darle una vuelta de tuerca a su sonido, endureciéndolo sin perder ni un ápice de su personalidad. La edición de *Pure* (2008) confirmó dicha tendencia. Más maduros, más seguros y más rockeros, en definitiva. Los pocos fans que con el anterior álbum habían albergado ciertas dudas se rindieron ante una nueva obra maestra de Barrett y sus secuaces, y otro tanto hizo la crítica, poniéndolos por las nubes.

Fieles a su cadencia de un nuevo disco en estudio cada tres años aproximadamente, tanto *Passion* (2011) como *Men Who Climb Mountains* (2014) han seguido confirmándolos como monarcas sin discusión del estilo.

ANTHONY PHILLIPS

El hombre tranquilo

Anthony Edwin Phillips
23 de diciembre de 1951
Londres, Inglaterra

Aunque para algunos aficionados Anthony Phillips sigue siendo 'el primer guitarrista de Genesis' lo cierto es que su figura y posterior trayectoria trasciende en mucho lo aportado en aquellos dos primeros discos. Baja voluntaria tras *Trespass* (1970) debido –según cuentan las crónicas–, al miedo escénico, el introvertido músico se tomaría su tiempo antes de iniciar su prolífica carrera en solitario, dedicándose durante años al estudio de la guitarra clásica y el piano mientras colaboraba de forma esporádica con diferentes artistas.

No fue hasta 1977 cuando debutó discográficamente por su cuenta con *The Geese & the Ghost*, una exquisitez folk prog de inequívoco tono pastoral, inundada de aires isabelinos. Un disco de culto instantáneo al que seguirían *Wise After the Event* (1978) y *Sides* (1979), al tiempo que inauguraba sus *Pri-*

vate Parts and Pieces, una serie de grabaciones instrumentales que irá publicando a lo largo de su carrera, intercalándolas con otros discos y proyectos, abarcando más de tres décadas.

Guitarrista y compositor de sólido marchamo clásico, reconocido maestro de la guitarra de doce cuerdas, la trayectoria de Phillips ha ido evolucionando desde su primera adscripción al progresivo más o menos ortodoxo. De este modo, sin olvidar nunca sus cimientos, colaborando con artistas como Steve Hackett (precisamente su sustituto en Genesis), Phil Collins o Andrew Latimer, sus discos experimentan a lo largo de los años una voluntad ecléctica y unas ansias de experimentación inequívocas, acercándose tanto al pop de raíz más básica –ahí queda su disco de 1983, *Invisible Men*, un fallido intento de orientar su música hacia terrenos más comerciales– como a la new age, la música orquestal o la producción de sintonías para documentales y spots publicitarios.

En esa constante búsqueda de nueva inspiración no pueden dejar de destacarse su alianza con el músico argentino Guillermo Cazenave en *The Meadows of Englewood* (1996) ni sus colaboraciones con el percusionista japonés Joji Hirota.

Pero adentrarse en la música de Ant, como se le conoce en el mundillo, es no sólo una experiencia única para cualquier aficionado sino también una tarea agotadora a cuenta de lo exhaustivo de su producción. Quizás el mejor consejo que se pueda dar a día de hoy a aquellos que quieran descubrirle es que traten de hacerse con *Harvest of the Heart: An Anthology* (2014) una *box set* retrospectiva en cinco CD que ofrece una panorámica lo suficientemente amplia y heterogénea de su trabajo.

PINK FLOYD
Más grandes que la vida
1965
Londres, Inglaterra

Pink Floyd forma parte no sólo de la música sino de la cultura, en general, del siglo XX, tal ha sido su impronta a lo largo de su carrera. En cualquier caso sus inicios fueron muy distintos al camino que seguirían a posteriori.

Pioneros de los sonidos psicodélicos en el Londres de la segunda mitad de los sesenta, habituales de clubs como el Ufo y el Marquee, Nick Mason (batería), Richard Wright (teclados) Roger Waters (bajo) y el guitarrista y vocalista Syd Barrett inauguraron su discografía con una piedra angular de la lisergia británica, *The Piper at the Gates of Dawn* (1967). Pero poco después el abuso del LSD por parte de Barrett, a la sazón líder del grupo, le incapacitaría para continuar al frente de la banda. David Gilmour, que había entrado aún con Syd en activo para apoyarles en directo, sería su sustituto.

Con Waters ahora en funciones de compositor principal, ayudado por Gilmour y Wright, el cuarteto editaría un álbum de transición –*A Saucerful of Secrets* (1968) – antes de decantarse por su lado más experimental en *Ummagumma* (1969).

Atom Heart Mother (1970), *Meddle* (1971) y *Obscured by Clouds* (1972) incidirían en esa dirección, mostrándoles progresivos y vanguardistas, jugando con los efectos del sonido y la música clásica.

Con Waters cada vez más afianzado como líder llegarían las dos primeras obras magnas de la banda, así como el estallido comercial. *The Dark Side of the Moon* (1973) y *Wish You Were Here* (1975), se convierten casi al instante en dos discos icónicos, que proporcionarían algunos de los temas más reconocibles del rock del siglo pasado.

Animals (1977), un magnífico disco conceptual basado libremente en *Rebelión en la Granja*, de Orwell daría paso a una de las óperas rock definitivas: *The Wall* (1979). Vehículo casi exclusivo de Waters, en el que desgrana varias de sus fobias y obsesiones, con él la banda llegó a estratos de popularidad reservados a las estrellas. El álbum además vió su versión fílmica en 1982, dirigida por Alan Parker y protagonizada por Bob Geldof.

The Final Cut (1983) marcaría la disolución de la banda dos años más tarde, aunque Gilmour y Mason reflotaron el buque y publicaron *A Momentary Lapse of Reason* (1987) con Wright como músico adicional por problemas contractuales con Waters. Le seguiría el doble en directo *Delicate Sound of Thunder* (1988) y *The Division Bell* (1994), su última referencia en estudio hasta dos décadas más tarde, cuando aparecería *The Endless River* (2014), recopilación de *outtakes*, mayormente instrumentales y de carácter ambiental, de las sesiones de *The Division Bell*.

POPOL VUH
Soundtracks místicos
1969
Munich, Alemania

Florian Fricke estudió piano y composición en diversos conservatorios, llegando a ser discípulo del compositor y director Rudolf Hindemith, hasta que a los veinticinco años empezó a familiarizarse con los teclados Moog y decidió crear su propio grupo, bautizándolo de forma peculiar con el nombre de un texto sagrado maya, compendio histórico y mitológico de los indios Quiche de Guatemala.

Su primer disco –*Affenstunde* (1970) – está considerado el primer disco de rock progresivo (experimental sería una definición más acertada) construido por entero alrededor del sonido de un Moog, con el aderezo de una serie de percusiones étnicas que lo dotan de un misticismo que sería habitual en la mayor parte de sus grabaciones. *In den Gärten Pharaos* (1971) seguiría la misma senda hasta que, con *Hosianna Mantra* (1972), Fricke abandona los componentes electrónicos para centrarse en piano y clavicordio, oboe y guitarras de doce cuerdas. Un paisaje eléctrico y acústico sobre el que, también por primera vez, planea la voz de la soprano surcoreana Djong Yun, llevando su música a sonar más etérea y espiritual. Inspirados siempre por música de latitudes inhabituales (África, Tíbet, la América precolombina) – no en vano son considerados pioneros de la actual World Music, la new age y el ambient– sus discos a partir de entonces, aún con ligeras variaciones, se moverían en ese terreno.

Con una vasta discografía a cuestas (sólo en los setenta grabarían trece discos de estudio), a partir de *Die Nacht Der Seele – Tantric Songs* (1979), la cantante Renate Knaup (ex Amon Düül II) sustituiría a Yun para los siguientes trabajos de la banda.

Popol Vuh consiguieron una notoriedad adicional debido a sus bandas sonoras para el famoso director alemán Werner Herzog. Una colaboración que empezaría en 1972 con la película *Aguirre, la cólera de Dios* y que continuaría con discos como *Herz aus Glas* (1977), *Nosferatu* (1978), *Cobra Verde* (1987) o el documental *Gasherbrum, la Montaña Luminosa* (1984), además de aportar temas publicados en sus discos de estudio para otros films del director, caso de *Fitzcarraldo* (1982).

En 1992 su formación clásica le llevó a grabar *Florian Fricke Plays Mozart*, un disco en el que interpretaba diversas piezas del genio de Salzburgo, sin abandonar su trabajo al frente de la banda pero sí diversificando sus actividades. Por desgracia el 29 de diciembre de 2001 moría a causa de un derrame cerebral, y con él la banda a la que había dedicado casi toda su vida.

PORCUPINE TREE
La moderna academia
1987
Hemel Hempstead, Hertfordshire, Inglaterra

Si ha habido una banda cuya influencia en el rock progresivo de los últimos treinta años sea innegable, esa es Porcupine Tree, en principio más una idea privada de Steven Wilson, su creador y *alma mater*, que una banda con todas las letras. A finales de los ochenta Wilson estaba más concentrado en No-Man, su proyecto junto a Tim Bowness, pero habiendo grabado unas casetes bajo el nombre de Porcupine Tree (por entonces un grupo ficticio) las envió al periodista Richard Allen, el cual las reseñó en sus publicaciones y le ofreció la posibilidad de publicarlas en su nuevo sello, Delerium.

Así nació *On the Sunday of Life* (1992), punto de partida, en edición limitada, de lo que sería el nombre más importante del rock progresivo de final de siglo (y parte del nuevo). Siempre con Wilson como líder y guitarra principal, el grupo vería a partir de su segundo disco –*Up the Downstair* (1993) – la inclusión de tres miembros prácticamente permanentes a lo largo de su historia: el ex Japan Richard Barbieri a los teclados, Colin Edwin al bajo y Chris Maitland como batería. *The Sky Moves Sideways* (1995) y *Signify* (1996) les verían crecer en su particular mixtura de estilos antes de abandonar Delerium, grabar *Stupid Dream* (1999) y fichar por Snapper/K-Scope. Un extenso tour por Europa y Estados Unidos, sumado al éxito del disco, les empezaría a situar como nombre de referencia. Con *Lightbulb Sun* (2000), sus conciertos empiezan a contarse por *sold outs*.

El nuevo milenio traería algunos cambios. En 2001 anuncian un contrato con Lava/Atlantic Records, y a inicios de 2002 Chris Maitland deja la banda, siendo sustituido por Gavin Harrison. Para Lava grabarán el aclamado *In Absentia* (2002), al tiempo que crearán su propio sello, Transmission, que usarán básicamente para editar material alternativo, tal como EP, grabaciones en directo, demos, etcétera. Su siguiente trabajo, *Deadwing* (2005) que contaba con invitados ilustres como Adrian Belew o Mikael Åkerfeldt, fue un nuevo éxito, lo cual no impidió un nuevo cambió de compañía. *Fear of a Blank Planet* (2007), su debut con Roadrunner, entra en listas de toda Europa y les lleva de gira por medio mundo. Tras grabar su último disco hasta la fecha –*The Incident* (2009) –, Porcupine Tree entró en un letargo que nadie, ni siquiera Wilson –concentrado en su carrera en solitario o con proyectos paralelos– sabe si será definitivo. En cualquier caso sus diez álbumes de estudio y sus no menos discos en directo constituyen un bálsamo al que recurrir periódicamente a la espera de un eventual retorno.

PREMIATA FORNERIA MARCONI

Maestros italianos

1970

Milán, Italia

I Quelli era el nombre de una banda de versiones beat a mediados de los sesenta, que alternaba sus propias grabaciones con el trabajo como músicos de acompañamiento para artistas como Battisti, Mina, Celentano o Fabrizio De André. Su historia podría haber quedado simplemente en eso, de no ser por la entrada en escena de Mauro Pagani. Músico de habilidades clásicas, inquieto y creativo, de su mano el grupo pasaría del beat a lo sinfónico hasta que a finales de 1970 Franco Mussida (guitarra y voz), Flavio Premoli (teclados), Giorgio Piazza (bajo) y Franz Di Ciocco (batería), junto a Pagani (flauta, violín), firman la partida de nacimiento de la Premiata Forneria Marconi (PFM), nombre sacado de una pastelería de Brescia situada cerca de su local de ensayo.

El exitoso 7" «La Carrozza di Hans / Impressioni di Settembre» sería incluido en su primer elepé, *Storia di Un Minuto* (1972), sentando las bases de su particular sinfonismo, melódico y delicado, rico en instrumentación y arreglos y de fuerte inspiración clásica, que llegaría a su punto álgido con *Per un Amico* (1972), tan inspirado o más que su debut. En agosto de 1973 tocan en el festival de Reading (Inglaterra), en lo que ya era una proyección internacional sin parangón en el rock progresivo italiano. A rebufo del éxito de su segundo trabajo la banda lo regrabaría, esta vez con las letras en inglés; *Photos of Ghosts* (1973), el disco resultante, sería editado por Manticore, el sello de E, L&P, los cuales habían descubierto a la Forneria en un reciente tour por Italia. Repetirían la jugada con su siguiente trabajo, *L'isola di Niente* (1974) (*The World Became The World* (1974) en su versión inglesa), pasando ya a grabar el siguiente –*Chocolate Kings* (1975) directamente en inglés y entrando en terrenos más jazz con *Jet lag* (1977). Fue el principio de su declive estilístico, que continuaría con *Passpartù* (1978) y *Suonare Suonare* (1980), en los que ya quedaba poco de la excelencia de sus primeros trabajos y que llegaría a su punto más bajo en los ochenta, con tres discos que no merece la pena ni mencionar.

Sin anunciar nunca su separación de forma oficial, desde 1987 PFM estuvieron una década entera desaparecidos hasta que Premoli reunió a Mussida y compañía para grabar *Ulisse* (1997), un disco conceptual sobre *La Odisea*, en el que recuperaban parcialmente el progresivo marca de la casa, inaugurando una nueva etapa de la banda, no exenta de aciertos puntuales como la ópera rock *Dracula* (2005) o *PFM In Classic – Da Mozart a Celebration* (2013)

PROCOL HARUM

Con su blanca palidez

1967

Southend-on-Sea, Essex, Inglaterra

Con base en la localidad de Southend-on-Sea, The Paramounts eran una banda de soul y R&B, activa desde principios de los sesenta, formada por Gary Brooker, Robin Trower, Chris Copping y B. J. Wilson. En 1966 el grupo se disolvió y Brooker formó Procol Harum (en referencia al gato de un amigo) junto al letrista Keith Reid, Matthew Fisher encargándose del Hammond, el guitarrista Ray Royer y el bajista David Knights.

Con esta formación entrarían en los Olympic Studios de Londres, en abril de 1967, para grabar «A Whiter Shade of Pale », un primer single que sería, a la postre, no sólo su tema más conocido sino un clásico entre clásicos en la historia del rock. La inolvidable melodía de órgano – inspirada en Bach–, sumada a la cálida voz de Brooker y a la enigmática letra de Reid llevaron al tema al número uno en los *charts*. En ese momento los ex Paramounts Trower y Wilson se unieron al proyecto y a finales de año apareció el primer disco homónimo.

Para su segundo trabajo –*Shine On Brightly* (1968)– se adentraron ya en terrenos definitivamente progresivos, consolidándose como precursores – junto a los Moody Blues– del rock sinfónico, gracias a sus influencias clásicas y barrocas y a la interacción entre teclados –el piano de Brooker y el hammond de Fisher– y la 'hendrixiana' guitarra de Trower.

Tras un tercer trabajo –*A Salty Dog* (1969) – Fisher sería reemplazado por Chris Copping, y dos discos después ocurriría otro tanto con Mick Grabham sustituyendo a Trower, que marchó para formar su propio grupo.

La banda siguió adelante en la década de los setenta editando nuevo material y apareciendo de forma constante en las listas, a menudo en grabaciones respaldados por orquestas sinfónicas. Y para muestra un botón: su directo *Procol Harum Live: In Concert with the Edmonton Symphony Orchestra* (1972), grabado en Canadá, llegó a número 5 del Billboard y ha acabado siendo su álbum más vendido, certificado disco de oro.

Todo hasta que el tsunami del 77 se los llevó por delante. Años de silencio hasta que en 1991 la formación clásica de Brooker, Fisher, Trower y Reid (Wilson había fallecido un año antes) reflotan el barco y graban *The Prodigal Stranger* (1991), que pasa sin pena ni gloria. Trower no les acompañaría en las giras que seguirían.

Activos desde entonces con Brooker al timón, Procol Harum editarán otros dos discos –correctos y poco más– y se dedicarán, a base de conciertos y festivales, a mantener vivo el nombre de uno de los grupos sinfónicos definitivos.

Q

QUEENSRYCHE
Concepto y volumen
1982
Bellevue, Washington, Estados Unidos

A principios de los ochenta, una banda de versiones llamada The Mob, compuesta por los guitarras Chris DeGarmo y Michael Wilton, el bajista Eddie Jackson y Scott Rockenfield ocupándose de las baquetas solían acudir a Geoff Tate, vocalista de bandas progresivas locales como Babylon o The Myth, para que les echara una mano en los bolos. De ahí pasaron a grabar un primer EP y las cosas se sucedieron con rapidez. Aupado por el tema

«Queen of the Reich», el 45rpm consigue repercusión a nivel nacional, la banda se bautiza en honor a la propia canción y firman con EMI.

Comparados en un inicio con Iron Maiden, la guitarra de DeGarmo y la operística voz de Tate no tardaron en guiar a la banda hacia otros senderos con sus dos primeros trabajos. Tanto *The Warning* (1984) como especialmente *Rage for Order* (1986) les apartaban del marasmo de bandas de hard y sleazy del momento, en base a su uso de los teclados y la inclusión de estructuras complejas y temas conceptuales en lo que podría considerarse la génesis del metal progresivo tal y como se conoce actualmente.

Pero lo mejor estaba por llegar, con su tercer álbum. Grabado entre Pennsylvania y Quebec, *Operation: Mindcrime* (1988) les consagró como maestros del género gracias a su combinación de disco conceptual tratando temas como política, religión, sexo, drogas y enfermedades mentales (una ópera rock, prácticamente) y canciones memorables, que fue disco de oro al año de su publicación y llegó a platino en 1991.

Con *Empire* (1990) y *Promised Land* (1994) –más accesibles aunque con su marca de fábrica bien reconocible – cerrarían su etapa clásica. Y es que la era alternativa y el grunge les sentó como una patada, y su intento de acomodarse a ella con *Hear in the Now Frontier* (1997) resultó fallida, a lo que hubo que sumarle el abandono de DeGarmo al año siguiente.

Con la entrada del nuevo milenio la historia de Queenrÿche está llena de altibajos, con discos más o menos apreciables y otros completamente olvidables, incluyendo *Operation: Mindcrime II* (2006), una decente pero innecesaria secuela a su obra maestra. Nuevos conflictos entre la banda desembocan con la salida de Tate en 2012, reemplazado por el ex Crimson Glory Todd La Torre, con el que siguen al frente, aunque lejos de sus años de gloria.

En cualquier caso nadie puede negarles su contribución al progresivo, refrendada por unas ventas astronómicas: más de veinte millones de discos vendidos en todo el mundo, más de seis millones sólo en Estados Unidos.

QUELLA VECCHIA LOCANDA

Barroco electrificado

1970

Roma, Italia

Comparados no pocas veces con sus compatriotas Premiata Forneria Marconi, así como con Jethro Tull y los primeros Genesis, Quella Vecchia Locanda son otro perfecto ejemplo de la explosión creativa que sacudió Italia a principios de la convulsa década de los setenta.

Formados como quinteto, Giorgio Giorgi (cantante, flauta), Raimondo Maria Cocco (guitarra, clarinete), Massimo Roselli (teclados), Romualdo Coletta (bajo) y Patrick Traina (batería) dieron sus primeros pasos todavía lejos del prog, basando su sonido y su repertorio en un rock de fuerte influencia anglosajona.

Pero el punto de inflexión vino dado por la inclusión de Donald Lax como violinista. Estudiante de música clásica desde niño, el joven Lax quedó impresionado tras ver al grupo en un concierto, al término del cual les preguntó si no andarían buscando un violinista. Casualidades de la vida, así era. Y tras una prueba en la vieja casa de campo que hacía las veces de lugar de ensayo (y del que tomaron el nombre para la banda), a las afueras de la Ciudad Eterna, quedaron definitivamente constituidos como sexteto.

Tras su participación en el multitudinario Festival Pop de Villa Pamphili en mayo de 1972 publican su primer álbum, de corte conceptual, titulado como el grupo. Un magnífico compendio de todas sus virtudes hasta el momento, una excelente mezcla de influencias clásicas –especialmente del Barroco– y música rock con fuerte presencia del violín y la flauta. Como el mismo Lax recordaba años después: "Ellos me daban las letras y quizás una simple estructura de acordes y yo trataba de encontrar algo de Bach, Brahms o Corelli para hacerlo encajar en el conjunto, así que estábamos haciendo fusión de clásica con rock". Es su momento de máxima actividad. Animados por la buena acogida del disco, participan en otros festivales y multiplican sus apariciones en directo mientras preparan la continuación a su debut.

No obstante al año siguiente Lax abandona el grupo y poco después le sigue Coletta. Ambas sustituciones afectarán al sonido del grupo. No de forma dramática pero sí lo suficiente para que su segundo disco –*Il Tempo Della Gioia* (1974) – resulte ligeramente menos fresco que su debut y menos apreciado en su conjunto, especialmente en un mercado saturado de propuestas similares. Todo ello hizo que a finales de 1974 la banda decidiera dar por finalizada su aventura, dejando eso sí, para la posteridad, dos pequeñas joyas prestas a ser redescubiertas por los aficionados más inquietos.

QUIET SUN
Una gema por descubrir
1970
Londres, Inglaterra

Quiet Sun se forma en 1970, por aquel entonces bajo la denominación de Pooh and the Ostrich Feather, cuando unos alumnos del Dulwich College deciden dar rienda suelta a sus inquietudes musicales. ¿Sus nombres? Phil

Manzanera (guitarra), Bill MacCormick (bajo), Charles Hayward (batería) y
Dave Jarrett (teclados).

Durante dos años y ya como Quiet Sun, se dedican a confeccionar un
complejo rock progresivo de marcada influencia jazzy, similar en cierto
modo a lo que hacían por aquel entonces Soft Machine pero, a diferencia de
estos, con la guitarra como elemento principal. Hasta que en 1972 la banda
se disuelve sin haber llegado a editar nada. Cada uno de sus componentes,
excepto Jarrett, se integró en otras bandas: Manzanera en Roxy Music, Mac-
Cormick se unió a Matching Mole y Hayward a This Heat. Y ahí hubiera
quedado todo de no ser por el primero.

El virtuoso guitarrista, ya miembro de pleno derecho de la banda de
Bryan Ferry y Eno, alquiló un estudio en enero de 1975, durante casi un
mes, para grabar su primer disco en solitario, *Diamond Head* (1975), y pensó
que sería una buena idea dedicar un tercio de las horas diarias de estudio a
plasmar por fin en un vinilo el material de Quiet Sun que se había quedado
en el tintero. Los tres miembros restantes se sumaron a la iniciativa y de ese
modo nacería *Mainstream* (1975), el único álbum de Quiet Sun.

Con la colaboración de Brian Eno en varias partes de teclado, el resultado
de aquellas sesiones fue Álbum del Mes en la New Musical Express, y captó
a buena parte de la parroquia progresiva del momento. Enmarcados –que no
encasillados– en la escena de Canterbury, los siete temas de *Mainstream* no
resultan precisamente fáciles de describir, ni de digerir en unas primeras escuchas. Hay en el disco pianos y teclas tan pronto delicados como agresivos,
trotes y galopes (ar)rítmicos, jazz rock de etiqueta, ecos de King Crimson y
hasta ciertos toques latinos (¿alguien ha dicho Santana?) derivados principalmente de la guitarra.

Con dos temas por cabeza en cuanto a la composición, excepto MacCormick que solo firma uno –el único cantado, por cierto–, los cuatro músicos

cumplían de ese modo un viejo sueño, a la vez que cerraban una especie de ajuste de cuentas con la industria que, antes de su separación en 1972, tan poco receptiva se había mostrado a su trabajo. De hecho en el libreto de la reedición en CD incluyeron las cartas de algunas compañías – CBS y Warner Brothers entre otras– que los habían rechazado en su momento.

R

RARE BIRD
Dos teclados mejor que uno
1969
Londres, Inglaterra

Rare Bird surgió de la unión de Graham Field y Dave Kaffinetti en 1968, que tenían en mente formar un cuarteto a base de dos teclistas –ellos mismos– más una sección rítmica, no muy distinto a lo que Procol Harum habían ideado poco antes, pero sin guitarra alguna. Encontraron en el batería Mark Ashton y el vocalista Steve Gould a los compañeros de viaje ideales, y tras probar algún que otro bajista, acordaron que Gould se encargara también de las cuatro cuerdas. Era octubre de 1969 y apenas unas semanas más tarde ya habían firmado con Charisma (de hecho fueron una de las primeras bandas del mítico sello, junto a The Nice y Van der Graaf Generator) y entraban en el estudio para grabar su debut.

Rare Bird (1969), con su sonido basado en los teclados de Field y Kaffinetti y sustentado en la emotiva, melodramática voz de Gould –un cantante por encima de la media, injustamente infravalorado– desplegaba un rock progresivo original y accesible, dinámico y melódico que les proporcionó, además, su único *hit* con el tema «Sympathy», un pequeño clásico que llegó a vender más de medio millón de copias sólo en Francia y más de un millón en global. De hecho Rare Bird, como tantas otras bandas sinfónicas, fueron más apreciados en el Continente que en su propio país.

As Your Mind Flies By (1970), incidía en lo expuesto hasta el momento, con los veinte minutos de la *suite* «Flight» –un auténtico festín de teclados, dividido en cuatro partes– como plato fuerte del menú. Pero a principios de 1971 Ashton y Kaffinetti dejaban la banda (el segundo para formar The Fields) lo cual, sumado al cambio a Polydor, trajo consigo una reformulación de su sonido, ahora derivado en un rock de sustrato funk y jazz. El grupo involucró a nuevos músicos, introduciendo por primera vez guitarras en la figura de Andy Curtis, a la vez que Gould dejaba el bajo y se pasaba igualmente a las seis cuerdas.

Todo ello provocó que tanto *Epic Forest* (1972) como *Somebody's Watching* (1973) sonaran más convencionales y sensiblemente más 'americanos' que sus predecesores. No hubo merma en calidad, pero sí se relegó la faceta progresiva a unos mínimos.

Los elementos funky, así como los temas en clave southern boogie y soft rock se acentuarían todavía más en *Born Again* (1974), coda a una carrera que puede dividirse claramente en dos mitades, y de la cual el aficionado al rock progresivo puede disfrutar por entero, pese a que tan sólo sus dos primeros trabajos puedan encasillarse como tales en el género.

RENAISSANCE

La delicadeza como arma

1969

Londres, Inglaterra

La primera encarnación de Renaissance, nacida parcialmente de las cenizas de los Yardbirds, apenas estuvo activa dos años y pese a grabar sendos discos, a día de hoy sólo los aficionados más eruditos la conocen. Y es que no fue

hasta 1971 cuando el nuevo mánager de la banda, Miles Copeland III, decidió reorganizar el proyecto con un sonido básicamente enfocado a la voz y
el piano. Así, tras diversos cambios de personal (de hecho por aquel entonces
no quedaba ningún miembro del *line up* original) nacería la formación clásica, estructurada en torno al trabajo compositivo de Michael Dunford, el
piano de John Tout y la límpida, cristalina voz de soprano de Annie Haslam.

A lo largo de los setenta, Renaissance transitaron con notable éxito por
las avenidas laterales del rock progresivo, ofreciendo un material mezcla de
rock, folk y música clásica, con orquestaciones grandilocuentes y abundantes
arreglos de cuerda, soslayando la electricidad –sin desdeñarla– para construir extensas *suites* según los cánones del género.

De entre toda su producción en esa década, la que a la postre conforma-
ría el grueso de su discografía más recordada, cuatro álbumes deberían ser
obligados en las estanterías del fan progresivo de base: *Ashes Are Burning*
(1973), *Turn of the Cards* (1974), *Scheherazade and Other Stories* (1975) y *No-
vella* (1977) son un bellísimo compendio de orquestaciones majestuosas y
momentos de un delicado lirismo que se dan la mano con total naturalidad,
mientras la maravillosa voz de Haslam dota al conjunto de esas atmósferas
entre lo épico y lo bucólico que les hacían tan reconocibles.

Y pese a no ser una banda de carretera en sus inicios, sí giraron de forma
continuada en años sucesivos para conseguir una notable legión de seguidores tanto en casa como allende fronteras, muy especialmente en el nordeste
de Estados Unidos. Tras un single de éxito en las Islas Británicas –«Northern Lights», extraído del álbum *A Song for All Seasons* (1978) –, ya un tanto
alejado de su sonido habitual, la banda sufriría diversas deserciones, y su
escasa producción posterior se fue revelando, aunque digna, muy por debajo
de sus obras magnas.

En cualquier caso Renaissance, con diversas reencarnaciones comandadas siempre por Haslam y sobreponiéndose a golpes irreparables como los decesos de Dunford en 2012 y Tout en 2015, ha ido fluctuando hasta el día de hoy, manteniendo vivo el legado de uno de los grupos más exquisitos del progresivo británico.

RIVERSIDE
Jugando en primera
2001
Varsovia, Polonia

Las circunstancias políticas de Polonia, aislada tras el Telón de Acero al término de la Segunda Guerra Mundial, la mantuvieron estanca durante décadas en lo referente a la influencia del rock. Pero a partir de los noventa, con la caída del régimen comunista, la realidad cambió. Empezaron a surgir nombres en una onda neo prog –Abraxas, Collage– al tiempo que se formaba un núcleo duro de público que acabaría haciendo del país uno de los destinos europeos más afines al progresivo. En esta coyuntura nacieron Riverside, justo en el cambio de milenio, cuando el guitarrista Piotr Grudziñski y el batería Piotr Kozieradzki, en bandas de heavy por aquel entonces, confrontaron su querencia por Marillion y decidieron intentar avanzar en esa senda. Con Jacek Melnicki como teclista y el multiinstrumentista Mariusz Duda al bajo y la voz, ofrecen unos pocos shows en la capital, distribuyen unos pocos cientos de copias de una primera demo y se preparan para su primer asalto.

Out of Myself (2003), un éxito casi inmediato en su país, les anima a continuar en su propósito. Tras su primer concierto internacional, en el neerlandés Progpower Festival, las cosas se aceleran. Son contratados por InsideOut, referencia discográfica en el prog de las últimas décadas, y publican *Second Life Syndrome* en 2005, multiplicando el éxito de respuesta, y cruzan el charco para actuar en el NEARfest de Bethlehem, Pennsylvania al año siguiente.

Con un estilo mezcla del clasicismo de Floyd o Crimson, junto a nombres de nueva hornada como Opeth o Dream Theater, empiezan a jugar en preferente.

Rapid Eye Movement (2007) les sigue proporcionando combustible en su ascenso, giran con Dream Theater y son requeridos en la mayoría de eventos progresivos anuales. La actividad de la banda es incesante. En 2008 publican su primer directo, *Reality Dream*, al tiempo que Duda lanza el debut homónimo de su proyecto paralelo, Lunatic Soul, con el que lleva ya cuatro trabajos de notable factura.

Anno Domini High Definition (2009), marcaría el inicio de una nueva trilogía, completada con *Shrine of New Generation Slaves* (2013) y *Love, Fear and the Time Machine* (2015), al tiempo que inaugura una evolución en su sonido, más contundente y direccionada hacia el prog metal e igualmente exitosa.

La tragedia sacudiría a la banda en febrero de 2016, con la súbita muerte de Grudziñski por un ataque al corazón. La banda decidió seguir adelante como trío, con Duda cubriendo su lugar en estudio y guitarristas de sesión en directo.

RUSH

La inspiración inagotable

1968
Toronto, Ontario, Canadá

Rush, dejémoslo claro de entrada, son toda una institución. En su Canadá natal, por supuesto, pero también en el resto del orbe. Geddy Lee (bajo, voz), Alex Lifeson (guitarra) y Neil Peart (batería) –este último sustituyó al batería original, John Rutsey, tras la grabación de su primer disco–, pueden enorgullecerse de ser una de las bandas más inspiradas y longevas del progresivo, aun no empezando como tales.

Y es que Rush se formó como un trío de hard blues, grabando un primer póker de discos no catalogables dentro del estilo que nos ocupa, al menos no por entero. Así, tras un primer disco en vivo –*All the World's a Stage* (1976) – que cerraba su primera etapa (una costumbre que mantendrían a lo largo de los años, editando un directo tras cada cuatro discos de estudio), publicaron su tetralogía más clásica: *A Farewell to Kings* (1977), *Hemispheres* (1978), *Permanent Waves* (1980) y *Moving Pictures* (1981), ofreciendo un rock progresivo fresco y dinámico, no exento de virtuosismo y cierta chispa comercial, e inmediatamente reconocible gracias a la personalísima voz de Lee, aguda y nasal como pocas.

Pero entrando en los años ochenta el grupo efectúa un giro en su trayectoria y factura una serie de discos muy influenciados por la época, atiborrando su música de sintetizadores, en detrimento de la siempre elegante guitarra de Lifeson, y con una marcada presencia de ritmos funk y aires new wave.

Con el final de la década y un nuevo directo vino asimismo un nuevo cambio, en este caso un retorno a las guitarras, actualizando y adaptando su sonido clásico a los nuevos tiempos. *Presto* (1989) y *Roll The Bones* (1991) empezaron a marcar una nueva senda, que continuaría con dos discos más hasta que Neil Peart sufrió una serie de desgracias personales que llevó a la banda a un paréntesis de cinco años, el primero en su larga carrera. Finalmente el batería decidió continuar con ellos y la maquinaria volvió a ponerse en marcha.

En el año 2002 editan *Vapor Trails*, un *comeback* que confirma su buen estado de forma, al que seguirán un curioso EP de versiones –*Fedback* (2004) – y dos discos más de estudio que revelan a una banda perfectamente instalada en esa madurez que muchas veces es sinónimo de conformismo y rutina pero que en su caso es todo lo contrario. El rock de Rush sigue cargado de músculo e inspiración, cabalgando a lomos de la pericia técnica de los tres músicos y su indiscutible talento para la escritura de canciones inolvidables.

S

SOFT MACHINE
La máquina perfecta
1966
Canterbury, Inglaterra

Probablemente la banda más influyente y relevante surgida de la cantera de Canterbury, no sólo por sus logros intrínsecos sino también por la importancia de las carreras posteriores de sus miembros, así como por el nivel de los músicos que en un momento u otro pasaron por sus filas. Tomando como nombre el título de una famosa novela de William S. Burroughs, su mítica y efímera primera formación incluía a Daevid Allen (guitarra), Robert Wyatt (batería), Kevin Ayers (bajo y guitarra) y Mike Ratledge (teclados), todos ellos viejos conocidos unos de otros dentro de la escena.

Convertidos en trío de forma forzosa al año siguiente, cuando Allen, con el visado caducado, no pudo entrar en Inglaterra tras unos shows en Francia, fueron invitados como teloneros en el tour norteamericano de Jimi Hendrix en 1968. Al terminar una parte de la gira, aprovecharon para grabar su debut en New York, un clásico instantáneo del primer progresivo, ampliamente psicodélico. Ese mismo año se separan pero por razones contractuales se reúnen al cabo de poco, con Ayers fuera del equipo y la entrada de Hugh Hopper al bajo.

Con *Volume Two* (1969) sentarían las bases del jazz fusion dentro del rock progresivo, expandidas en el doble *Third* (1970) y en *Fourth* (1971) con un cuarteto de vientos y varios invitados, músicos de jazz mayormente. Tras su cuarta entrega Wyatt se iría para formar Matching Mole y con los siguientes discos –*Fifth* (1972), *Six* (1973) y *Seven* (1973) – la banda se nutriría cada vez más de músicos procedentes de la escena jazz británica, especialmente de los Nucleus de Ian Carr.

Tras la partida de Hopper, el teclista Karl Jenkins fue asumiendo cada vez más el rol de líder y de compositor principal. La banda cambió de sello, de Columbia a Harvest, y fichó a Allan Holdsworth como guitarrista, un cambio importante dado lo raro de dicho instrumento en su sonido, haciendo de *Bundles* (1975) un punto y aparte en su discografía. Holdsworth sería sustituido por John Etheridge en el último disco oficial del grupo, *Softs* (1976), en cuyas sesiones apenas participó ya Ratledge, el único miembro original que quedaba.

Una reunión a principios de los ochenta dio como resultado *Land of Cockayne* (1981) y apenas unas pocas fechas en Londres.

No obstante el legado del grupo se vería resucitado a partir de 1999 con diversas reencarnaciones –Soft Ware, Soft Works y Soft Machine Legacy–, con participación de antiguos miembros, hasta volver al nombre original a partir de 2015.

SPIROGYRA

Folk de textura ácida

1967

Bolton, Lancashire, Inglaterra

La primera referencia de Spirogyra puede localizarse en 1967, con Martin Cockerham y Mark Francis como dúo, aunque su consolidación como banda llegó dos años más tarde, cuando el primero se trasladó a estudiar a la Universidad de Kent, en Canterbury. Allí trabaría amistad con otros alumnos y no tardaría en conformar la banda como cuarteto, con –ya sin Francis–, Barbara Gaskin (voz), Steve Borrill (bajo) y Julian Cusack (violín), junto a él como guitarrista y también cantante. Consiguen un contrato con B&C Records y, al tiempo que se afianzan en directo dentro de la bulliciosa escena universitaria de la época, preparan su primer trabajo. Con el refuerzo de Dave Mattacks –por entonces en Fairport Convention– a la batería (de hecho participaría en los tres discos del grupo), *St. Radigunds* (1971) recibe una notable bienvenida entre los aficionados al folk de matices ácidos. Mayormente acústico, el disco se beneficia del contraste entre las voces de Martin y Barbara, al tiempo que muestra unas estructuras lo suficientemente inventivas y elaboradas como para trascender el folk más elemental.

Con *Old Boot Wine* (1972), no obstante, sufrirían un primer revés a nivel comercial. El disco adolece de la frescura y la dirección progresiva de su debut. Cusack, uno de los pilares en su sonido, empezaba más a centrarse en sus estudios y quedó acreditado sólo como invitado en algunos pasajes, al tiempo que Francis volvía para ocupar su lugar.

Poco tiempo después la banda giraba ya sólo como dúo, con Martin y Barbara, y de ese modo se grabaría su tercer y definitivo álbum, *Bells, Boots And Shambles* (1973), en el que la pareja se rodearía de una extensa lista de músicos (incluyendo a Borrill y Cusack, aún miembros de facto pero desvinculados de las giras). Un trabajo soberbio, a la altura de su debut si no superior, en el que de nuevo Cockerham se muestra como un compositor original e innovador, llevando el folk a parajes progresivos únicos.

La falta de un nuevo contrato y las dificultades económicas derivadas de tal circunstancia llevaron al fin de Spirogyra poco después de la edición del disco. Sólo Barbara siguió una carrera musical significativa (se puede encontrar su pista en bandas como Hatfield and The North, National Health, Egg o junto a artistas como Bill Bruford y Dave Stewart). Cockerham, por su parte, resucitó a la banda mucho después, junto a Francis, editando dos nuevos discos –*Children's Earth* (2009) y *5* (2011) –, de tirada muy limitada.

SPOCK'S BEARD

Clásicos contemporáneos

1992

Los Angeles, California, Estados Unidos

Pensado en principio por los hermanos Neal y Alan Morse como un dúo de teclados y guitarra, sin sección rítmica, ambos decidieron finalmente incorporar a Nick D'Virgilio a la batería y a John Ballard para el bajo, aunque este último fue reemplazado al cabo de muy poco por Dave Meros. Ya como cuarteto en firme, la Barba de Spock (el nombre es una broma privada que sólo los fans de Star Trek entenderán) inaugurará su catálogo con *The Light* (1995) y ya ese mismo año consiguen un hueco en el cartel del Progfest de San Francisco.

Tanto con su debut como con el siguiente *Beware Of Darkness* (1996) – con la inclusión de Ryo Okumoto como quinto miembro, encargándose del hammond y el mellotron– la respuesta es abrumadora. Respondiendo con fervor al magnífico progresivo desplegado en ambos trabajos, la audiencia especializada ve en ellos a unos herederos, convenientemente actualizados, de los grandes del género. Progresivo de los setenta con sonido de los noventa, virtuoso y contundente, no muy lejos de Flower Kings y demás neo dinosaurios.

The Kindness of Strangers (1998), *Day for Night* (1999), *V* (2000) y *Snow* (2002), sus siguientes cuatro discos mantienen el nivel y la respuesta de los fans, al tiempo que demuestran tener pocos rivales sobre los escenarios.

Pero justo tras la salida al mercado de *Snow* Neal Morse anunció su marcha. Recién convertido al cristianismo, deseaba seguir carrera en solitario, evitando que sus creencias interfirieran en el devenir de la banda, a los que animó a seguir adelante. D'Virgilio asumió entonces las tareas vocales y con él al frente la banda inauguraría una nueva etapa con cuatro discos más –*Feel Euphoria* (2003), *Octane* (2005), *Spock's Beard* (2006) y *X* (2010) – recibida primero con cierto escepticismo pero que no tardó en conseguir el visto bueno de sus seguidores.

En noviembre de 2011 D'Virgilio deja la banda. Su reemplazo sería el cantante de Enchant, Ted Leonard, que ya le había sustituido en verano de ese año en los festivales Sweden Rock y High Voltage, por incapacidad de Nick. Jimmy Keegan, batería de la banda en directo, pasaría a formar parte de la formación a todos los efectos.

Brief Nocturnes And Dreamless Sleep (2013), el primer álbum que surgiría de esta tercera encarnación, resultó uno de sus mejores trabajos. Tras su continuación –*The Oblivion Particle* (2015) – en julio de 2016 la banda se reunió con D'Virgilio y Neal Morse para unas fechas concretas, interpretando su clásico *Snow* de forma íntegra.

T

T2
Estrella fugaz
1970
Inglaterra

T2 reunió a tres jóvenes (muy jóvenes, de hecho) provenientes de diversas bandas psicodélicas. Pete Dunton y Bernard Jinks eran miembros de Neon Pearl, más tarde convertidos en Please, hasta que en 1969 Dunton se une a The Gun y Jinks hace lo propio con Bulldog Breed.

No son aventuras a largo plazo, pues apenas unos meses después ambos músicos vuelven a encontrarse y junto al guitarrista de Bulldog Breed, un mozalbete de diecisiete años que responde al nombre de Keith Cross, se convierten en trío y se rebautizan como T2. Con Dunton encargándose de escribir, cantar y tocar la batería, Jinks a los teclados y Cross mostrando un virtuosismo y un sentimiento impropio de un chaval de su edad, empiezan a practicar un proto–prog de clara ascendencia hard-blues. Apadrinados por John Morphew en tareas de manager, este no tardó en conseguirles un contrato con Decca para un primer disco, que incluía la –por entonces– astronómica cifra de diez mil libras como adelanto de royalties.

Grabado en los Morgan Studios de Londres, *It'll All Work Out In Boomland* (1970) resulta un magnífico *tour de force* repleto de imaginación y habilidad técnica, uno de los mejores discos progresivos editados ese año (y estamos hablando de 1970, nada menos). Al mismo tiempo sus apariciones en vivo se cuentan por triunfos, con el Festival de la Isla de Wight como punto culminante.

Pero lamentablemente la tirada de su disco de debut fue bastante escasa. A los fans les costaba encontrar una copia en muchas tiendas lo cual, sumado a una pobre campaña publicitaria, hizo que las ventas no fueran las esperadas. Por otro lado Morphew partió peras con ellos y en consecuencia, un tanto desorientados y no menos desanimados, las tensiones internas hacen que durante las grabaciones del que iba a ser su segundo disco, decidan tirar la toalla.

Casi nada se supo de ellos hasta que la reedición de su ópera prima llevada a cabo por World Wide Records en 1991 propicia una reunión de la banda, con Dunton y Jinks reclutando a un viejo amigo, Mike Foster, en sustitución de Cross. Esta nueva andadura del grupo dio como resultado tres discos agradables pero muy lejos de su debut, hasta que en 1997 una gran noticia saltó a la palestra: la edición de las demos del que iba a ser su segundo disco. Titulado *Fantasy*, este sí era, finalmente, un disco que –pese al sonido un poco tosco y rugoso– poder poner al lado de su debut sin que desentonara y ampliar de ese modo una discografía tan fugaz como esencial.

TOOL

Materia oscura

1990

Los Angeles, California, Estados Unidos

L.A. siempre ha sido, aparte de la meca del cine, un destino en el que converge todo aquel que busca oportunidades y éxito en materia artística. Los futuros miembros de Tool Maynard James Keenan y Adam Jonesse conocieron allí en 1989 y al instante vieron que conectaban en sus inquietudes musicales, decidiendo formar una banda. Maynard como vocalista y Jones a la guitarra, Tool quedó conformado con el bajista Paul D'Amour y el batería Danny Carey.

Dos años de ensayos y actuaciones en el área angelina les llevan a un primer contrato con Zoo Entertainment y un EP –*Opiate* (1992) – en el que despliegan un rotundo heavy metal de corte alternativo, a la vez que se enfrentan con el PMRC (la infausta asociación de censura artística liderada por Tipper Gore). No sería la última vez.

Undertow (1993) será la primera piedra realmente importante del particular edificio que tenían en mente construir. Alargando y complicando la estructura de las canciones respecto al EP, aun manteniendo la contundencia, y con Maynard desplegando un impresionante arsenal de registros vocales. El tour que seguiría, incluyendo fechas en el festival itinerante Lollapalooza, les asciende varios peldaños en popularidad, a la vez que sorprende por sus elaboradas puestas en escena. Vuelven a chocar con la censura con el single «Prison Sex», una canción sobre abuso de menores que les granjeó el veto de no pocos medios, la MTV entre ellos.

A finales de 1995 D'Amour deja el grupo, siendo sustituido por Justin Chancellor y ya con él en la banda editarían su primera obra maestra: *Ænima* (1996). Dedicado a su amigo, el controvertido cómico Bill Hicks y con un primer single «Stinkfist» que volvió a tener problemas por su supuesto contenido ofensivo (los guardianes de la moral, siempre tan suspicaces), el disco es un intachable tratado de metal progresivo y rock alternativo que repetirían, aumentado y mejorado, en *Lateralus* (2001), su cima creativa hasta aquel momento. Ambos discos y las giras que los acompañaron se contaron por éxitos, incluyendo un mini-tour junto a King Crimson en agosto de 2001.

Siempre tomándose su tiempo para perfilar sus trabajos, su siguiente disco llegaría cinco años después. *10,000 Days* (2006) volvió a pegar arriba en las listas, aunque el entusiasmo de la crítica fue un tanto menor que en los dos anteriores trabajos. Una década más tarde y tras diversos anuncios de un nuevo disco aún por llegar, Tool siguen siendo un referente para cientos de bandas.

TRAFFIC

Reunión de genios

1967

Birmingham, Inglaterra

Steve Winwood, Jim Capaldi, Chris Wood y Dave Mason formaron Traffic con un considerable bagaje musical a sus espaldas, pese a su juventud. Tras una espontánea jam en un club de Birmingham surge la química y con ella la decisión de formar una banda. Alquilan una casa de campo en Berkshire y empiezan los ensayos con Winwood a la voz y teclados, Capaldi a la batería, Mason a la guitarra y Wood a los vientos.

Dos singles de éxito tras firmar con Island –«Paper Sun» y «Hole In My Shoe»–, darían paso a su primer elepé, *Mr. Fantasy* (1967). Las primeras desavenencias de Mason con el resto empiezan a surgir, aunque tras una corta espantada volvería para las sesiones de su segundo disco, *Traffic* (1968). No obstante la dirección compositiva del dúo Winwood/Capaldi, cada vez más imbuida de folk, blues y jazz en un entramado progresivo al que Wood tampoco era ajeno, acabó con la partida de Mason, más anclado en los primeros y psicodélicos sonidos del grupo.

Giran por Estados Unidos como trío y editan un tercer disco –*Last Exit* (1969) –, un cajón de sastre en el que Island embutió temas inéditos en estudio y otros en directo, con resultado desigual. Cada uno tira entonces por su lado (Winwood con Blind Faith, el resto con Wooden Frog) hasta que el primero, en plenas sesiones para su primer disco en solitario, llama a Wood y Capaldi para que le echen una mano. Pero lo que saldrá del estudio será un nuevo disco de Traffic, el magistral *John Barleycorn Must Die* (1970). Un tercer y fugaz regreso de Mason dio como resultado el directo *Welcome to the Canteen* (1971), acreditado a cada uno de los músicos por separado.

De nuevo sin Mason, *The Low Spark of High Heeled Boys* (1971) fue otro éxito comercial, tras el que llegó un nuevo parón debido a problemas de salud de Winwood. Capaldi aprovechó para publicar el magnífico *Oh How We Danced* (1972), el primero de una carrera, como la de su compañero Winwood, larga y exitosa.

Regresarían con *Shoot Out at the Fantasy Factory* (1973), de nuevo con ventas millonarias pero tibia acogida crítica. De la gira mundial que vendría a continuación saldría el doble directo *On the Road* (1973), y un nuevo disco en estudio al año siguiente, *When the Eagle Flies* (1974). Pero llegados a este punto la banda estaba física y mentalmente exhausta y en pleno tour americano, arrojan la toalla.

Una reunión veinte años más tarde vio de nuevo al clásico tándem en acción, dejando como muestra una gira y nuevo álbum, *Far from Home* (1994), que la muerte de Capaldi en 2005 dejará ya como último disco de la banda.

TRANSATLANTIC
Insumergibles
1999
Estados Unidos, Reino Unido, Suecia

Modelo de supergrupo para el nuevo milenio, Transatlantic es la conjunción, en un solo cuerpo, de cuatro genios del progresivo, a saber: Neal Morse (ex Spock's Beard), Roine Stolt (The Flower Kings), Pete Trewavas (Marillion) y Mike Portnoy (ex Dream Theater). Formado en 1999 como un proyecto paralelo de cada uno de ellos, aún en activo en sus bandas de origen, la banda no tardó en debutar en estudio con *SMPT:e* (2000), una potente carta de presentación a la que siguió un tour por Estados Unidos y el consiguiente y obligado doble disco en directo: *Transatlantic Live in America* (2001).

Ese mismo año 2001 lanzarían al mercado su segundo trabajo, *Bridge Across Forever*, reforzando más si cabe los armazones épicos y alargando la duración de los temas –tan sólo cuatro en todo el disco– hasta los casi treinta minutos en algún caso y embarcándose en un segundo tour –ahora europeo– con el refuerzo de Daniel Gildenlöw, de Pain of Salvation, como quinto miembro en escena.

Pero en 2002 la banda se topó con el adiós de Morse, recién convertido al cristianismo. Sin el vocalista, la banda decidió no seguir adelante con lo que el fin de Transatlantic parecía un hecho ineludible. Y lo fue… hasta siete años después. En 2009 se anunció la reunión de forma oficial, y a finales de ese mismo año se publicaba su tercer disco, *The Whirlwind*, que contenía un sólo tema con el mismo título, dividido en doce partes (movimientos, si queremos llamarlo así) y que mostraba al grupo sin fisuras, tan profesionales y contundentes como allí donde lo habían dejado. Los cuatro llevarían a cabo una nueva gira al año siguiente, con fechas en Estados Unidos y Europa tras la cual cada uno de los músicos volvió a trabajar en sus respectivas bandas

Un nuevo alto –lógico en una banda de sus características– pero mucho menos prolongado que el primero ya que a principios de 2013 Trewavas anunció oficialmente que volvían al estudio para dar salida a nuevo material. Terminado a mediados de ese mismo año pero no publicado hasta enero de 2014, la nueva entrega del transatlántico –titulada *Kaleidoscope*– no defraudó a sus seguidores ni en forma ni en fondo: dos *suites* cercanas a la media hora cada una y tres temas de duración más convencional para completar una nueva entrega de prog rock contemporáneo majestuosamente ejecutado. Y sin olvidarse, como ya es costumbre en ellos, de lanzar una edición especial con un bonus disc cargadito, de nuevo, de versiones a cual más suculenta.

TREES
Raíces folk, ramificaciones prog
1970
Londres, Inglaterra

Con tan sólo dos discos en su haber, Trees es otra de esas bandas folk-prog de los primeros setenta cuya corta trayectoria y su escaso material discográfico no han sido óbice para adquirir, con los años, un culto creciente entre ese sector de público que no deja de escarbar en aquellos mágicos años en busca de nombres poco conocidos o muchas veces, en su momento, injustamente menospreciados.

En el caso de Trees a la obvia influencia de contemporáneos como Fairport Convention, la Incredible String Band, Dan Hicks de los Hot Licks o Martin Carthy entre otros nombres de la escena, se añadía cierta psicodelia típica de la Costa Oeste, con Jefferson Airplane a la cabeza, lo que derivó en dos trabajos –especialmente el primero– que estiraban la duración habitual de los temas folk añadiendo estructuras progresivas y unas inconfundibles guitarras ácidas por encima de lo acústico.

Con la preciosa voz de Celia Humphris como motor en lo lírico, y las guitarras de Barry Clarke y David Costa en lo musical, el bajo de Bias Boshell (principal compositor a su vez) y los tambores de Unwin Brown no se limitaban al mero sustento rítmico sino que interactuaban con el resto, en muchas ocasiones, como instrumentos principales.

Su primer disco, *The Garden of Jane Delawney* (1970), compuesto por temas propios y adaptaciones de otros tradicionales casi en igual medida, sería un perfecto ejemplo que ofrecer a cualquiera que nos pudiera preguntar qué es exactamente el folk progresivo. El tema homónimo, por cierto, ha sido versionado en numerosas ocasiones en directo por otros artistas, e incluso algunos –de muy diverso pelaje, caso de Françoise Hardy, All About Eve o Dark Sanctuary– lo han incluido en algunas de sus grabaciones.

En enero de 1971 vería la luz *On The Shore*, su segundo y último trabajo, en el que tal vez ponen un poco más de peso en el brazo folk de la balanza en detrimento de lo progresivo, pero que en cualquier caso sigue sonando tan elaborado y personal como el primero. Para el anecdotario del rock queda esa enigmática portada, encargada al mítico Storm Thorgessen, capo de Hypgnosis, con una niña que resultó ser la hija de Tony Meehan, ex batería de los Shadows.

Al poco de editarse *On The Shore*, Boshell yBrown abandonan. Seguirían adelante un tiempo más con Barry Lyons y Alun Eden como reemplazos, pero el éxito les seguía rehuyendo, pese a tener detrás a una compañía del peso de CBS, así que en 1973 deciden separarse definitivamente.

U

UK

El fin de una era

1977

Inglaterra

John Wetton y Bill Bruford se conocían desde los tiempos de King Crimson, cuando ambos coincidieron en la banda de Robert Fripp de 1972 a 1974.

Tras varias aventuras personales, en 1976 trataron de formar un grupo junto a Rick Wakeman, fallido intento al igual que su propuesta para reformar King Crimson, que Fripp declinó. Llegados a ese punto, en 1977 decidieron que cada uno escogería a un músico para formar una superbanda. Wetton –tras sopesar inicialmente al guitarrista Eric Johnson– fichó a Eddie Jobson, al que conocía tras su breve paso por Roxy Music, mientras que Bruford se trajo a Allan Holdsworth (ex Soft Machine y Gong), el cual había colaborado con él en su debut en solitario, *Feels Good to Me* (1978), grabado ese mismo año.

UK quedaba pues como el primer supergrupo progresivo conocido como tal, con Wetton como cantante y bajista, Holdsworth a la guitarra, Bruford a las baquetas y Jobson como teclista y violinista ocasional. El resultado de una unión tal de talentos se editó al año siguiente, bajo título homónimo, y muestra a los cuatro músicos en un estado de inspiración asombroso, uniendo sus virtudes respectivas en un trabajo que podría considerarse como el canto del cisne del rock sinfónico clásico, un adiós a toda una era, a todo un modo de entender el rock que volvería a renacer poco después, pero ya transmutado con nuevos modos e influencias.

Un extenso tour de presentación del disco fue el preludio a la partida de Holdsworth y Bruford. Sin reemplazo para el guitarrista, y con el ex-Zappa Terry Bozzio entrando como nuevo batería, el grupo ahora reconvertido en trío grabaría un segundo disco – *Danger Money* (1979) – bastante alejado de su debut. Con los dos miembros más jazzys fuera del equipo, Wetton y Jobson darían rienda suelta a su vena más accesible y comercial y facturarían un disco de proto AOR progresivo, mucho menos considerado que su primer elepé en los círculos de entendidos, pero con la suficiente calidad como para merecer mejor prensa.

Unos shows grabados en Tokio serían editados bajo el título *Night After Night* (1979), pero tras una pequeña gira europea a finales de año, y pese a existir planes para un tercer disco, las distintas visiones sobre el futuro del grupo se tornaron irreconciliables (Jobson quería incidir en el lado instrumental, con temas más largos y trabajados, mientras que Wetton tiraba hacia canciones más cortas y directas), motivando el final de UK.

Ambos se reunirían en 2011 para una segunda y efímera existencia.

VAN DER GRAAF GENERATOR
Siempre por su propio camino
1967
Manchester, Inglaterra

Uno de los nombres clásicos del rock progresivo británico, VDGG no experimentaron el éxito comercial de otros coetáneos, tal vez por lo ecléctico e inusual de su propuesta. Compuesto por Chris Judge Smith y Peter Hammill en la Universidad de Manchester en 1967, al año siguiente se trasladan a Londres, donde contactan con Hugh Banton, teclista de formación clásica. Con el bajista Keith Ellis y el batería Guy Evans completan su primera formación. Pero diversos avatares contractuales fuerzan la dimisión amistosa de Smith, y pese a actuar de forma constante y cosechar cierto éxito, las dificultades económicas les fuerzan a un primer abandono.

Hammill continuó en solitario pero lo que iba a ser su primer disco en solitario (con Banton, Evans, and Ellis como músicos de sesión) supuso el renacer de la banda y su debut, *The Aerosol Grey Machine* (1969).

Ellis abandona al poco, siendo sustituido por Nic Potter, al tiempo que incorporan a David Jackson (saxo y flauta). El quinteto firma por la recién creada Charisma Records y asientan las bases de su sonido, dejando de lado el poso lisérgico de su debut y metiendo en la batidora un dinámico y a la vez tétrico puré de jazz, música clásica y *avant-garde* comandado por Hammill, cuya primera entrega fue *The Least We Can Do Is Wave to Each Other* (1970).

Con él se abriría la mejor etapa de la banda, continuada por *H to He Who Am the Only One* (1970) y *Pawn Hearts* (1971), –este último ya sin Potter– dos de los mejores discos de rock progresivo de la década. A raíz del éxito de *Pawn Hearts* en Italia la banda gira por el país transalpino en repetidas ocasiones a lo largo de 1972, pero pese al éxito de las mismas, empieza a aparecer el consabido agotamiento, que sumado a la falta de apoyo de Charisma y a la endémica cuestión económica, acaba por separarles.

Hammill iniciaría una interesantísima carrera en solitario, interrumpida por una reunión de la banda en 1975. Ansiosos por ofrecer nuevo material, en el lapso de un año editan tres magníficos trabajos –*Godbluff* (1975), *Still Life* (1976) y *World Record* (1976) – hasta que Banton y Jackson abandonaron de nuevo. Reemplazado este último por un violinista (así de imprevisible ha sido siempre Hammill) publicarían *The Quiet Zone/The Pleasure Dome* (1977) antes de volver a disolverse.

Pero lejos de perder el contacto, Banton, Jackson y Evans seguirían colaborando en la carrera de Hammill. Evans y Ellis, en 2004, volverían a revivir a la banda, editando *Present* (2005). Jackson no continuaría y, en formato trío, el grupo seguirá adelante publicando nuevos trabajos (cuatro hasta la fecha).

W

RICK WAKEMAN
Una vida entre teclas
Richard Christopher Wakeman
18 de mayo de 1949
Londres, Inglaterra

"Cuando muera, probablemente saldré del ataúd y tocaré el órgano en mi propio funeral". Esta cita, clásico ejemplo del fino y sarcástico humor británico, resulta harto significativa del talante y la trayectoria vital de Rick Wakeman, tal vez –con permiso de Keith Emerson– el teclista más famoso y sin duda el más prolífico en la historia del rock sinfónico.

Estudiante de piano en la Royal College of Music, el joven Wakeman abandonaría sus estudios para convertirse en músico de sesión a tiempo completo, colaborando en grabaciones de artistas como Elton John, Cat Stevens o T. Rex, llegando incluso a tocar el mellotron en la mítica «Space Oddity» de David Bowie. En 1970 entra a formar parte de los Strawbs para, al año siguiente, fichar por la que sería la banda de su vida: Yes. Una decisión que fijaría su destino, pues el mismo día en que Chris Squire –bajista del grupo– le pedía que se uniera a ellos, David Bowie le ofrecía un puesto en sus Spiders from Mars. ¡A eso se le llama estar solicitado!

Miembro del gran dinosaurio sinfónico en su alineación más clásica, dejaría su impronta como teclista en muchos de sus discos más conocidos sin por ello dejar de iniciar una carrera en solitario que le reportaría tanta o más fama. Sus primeras grabaciones en solitario –*The Six Wives of Henry VIII* (1973), *Journey to the Centre of the Earth* (1974), *The Myths and Legends of King Arthur and the Knights of the Round Table* (1975) – todavía se recuerdan entre lo más granado, y exitoso, de su trayectoria. Llevando la conexión entre rock progresivo y música clásica a niveles no experimentados hasta ese momento, con un estilo propio tan virtuoso como, en ocasiones, excesivo (la música del londinense es droga dura, sólo apta para yonkis del progresivo con la vena encallecida), Wakeman abandonaría Yes –con los que, no obstante, volvería cual hijo pródigo de forma intermitente en años sucesivos– y seguiría adelante con su carrera en solitario.

Una carrera tremendamente prolífica que incluye no sólo docenas de discos a su nombre o colaborando con otros artistas sino bandas sonoras para cine y televisión, su propio programa de radio, varios libros de memorias y demás proyectos, amén de incontables conciertos por todo el mundo.

Maestro del piano, el órgano, el Hammond y el Minimoog y pionero en el uso del Mellotron, la imagen clásica de Wakeman tras sus teclados, con su larga y lacia melena rubia y su inagotable colección de capas es una de las estampas más emblemáticas y reconocibles del universo progresivo.

WICKED MINDS
Dignos herederos
1987
Piacenza, Italia

Más de diez años tardaron Wicked Minds en evolucionar desde el trash metal de sus inicios hasta el hard-prog que les caracteriza a día de hoy. Diez años de aprendizaje, en los que Lucio Caligari (guitarra), Enrico Grilli (bajo) y Andrea Concarotti (batería) fueron modificando su estilo, imbuidos cada vez más de los sonidos densos y pesados del hard setentero a la vez que de reojo atisbaban el legado progresivo de tantos de sus paisanos en aquella década.

No fue casualidad pues verlos participar en el disco tributo a Blue Cheer, *Blue Explosion* (1999) con una versión de «Just a Little Bit» a la vez que fichaban por W-Records y editaban su primer trabajo, ya con la inclusión de Paolo 'Apollo' Negri a los teclados y de J.C. Cinel como vocalista. *Return to Uranus* (1999) fue una presentación digna pero un tanto tímida, que mostraba un potencial que no tardaría en eclosionar. El mismo sello publicaría tres años más tarde un elepé de edición limitada –*Crazy Technicolor Delirium Garden* (2003) – que ya les mostraba mucho más seguros, coloreando su música con riffs paquidérmicos y oleadas de hammond. Pasan entonces a trabajar para Widow Records y publican el imprescindible *From the Purple Skies* (2004), versión en CD –ampliada y mejorada– del elepé anterior que incluía los siete temas de aquel más dos canciones nuevas y una revisión de «Return to Uranus».

El grupo se embarca en diversas giras, labrándose una buena reputación en directo en países como Alemania, Austria o Bélgica, y vuelven al estudio para dar forma a su siguiente trabajo. *Witchflower* (2006) les confirma como banda de primer orden, ahondando en el hard e incluyendo otra pieza épica, esa «Scorpio Odyssey» que delinea paisajes de innegable marchamo retro pero que soslaya con habilidad la simple repetición de esquemas ya conocidos.

Un lustro más tarde, tras un silencio discográfico sólo roto por la edición de su primer directo –*Live at Burg Herzberg Festival at 2006* (2007) –, y con el reemplazo de J.C. por la vocalista Monica Sardella en 2010, pagarán sus deudas con el prog publicando un magnífico disco de versiones titulado *Visioni, Deliri e Illusioni* (2011), un homenaje al rock progresivo italiano de los setenta en el que reinterpretan clásicos de, entre otros, Il Balletto di Bronzo, Le Orme, Dietro Noi Deserto, New Trolls, Delirium o Premiata Forneria Marconi, haciéndose acompañar –lo cual da un plus de autenticidad al álbum– de muchos vocalistas y otros músicos de las bandas originales.

Y

YES

Más allá del bien y del mal

1968
Londres, Inglaterra

Oro, plata o bronce según gustos pero podio seguro, Yes pueden considerarse la quintaesencia del género, la banda que atesora prácticamente todos
los tics del sinfónico. El encuentro del cantante Jon Anderson con el bajista
Chris Squire en un club del Soho puede considerarse la génesis de la banda,
con la adición de Peter Banks en guitarras, Bill Bruford a la batería y Tony
Kaye en los teclados. De la mano de Atlantic se presentan en sociedad con
dos notables muestras de proto-prog: *Yes* (1969) y *Time and a Word* (1970).

Con la partida de Banks y la entrada de Steve Howe la banda entrega
su primera obra maestra, *The Yes Album* (1971), estableciendo la base de
su sonido clásico. El éxito del disco no evita la salida de Kaye, considerado

poco versátil. Su sustituto, Rick Wakeman, consolidaría la formación más conocida de la banda y la que entregaría sus obras más emblemáticas: *Fragile* (1971) y *Close to the Edge* (1972). Tras este último, Bruford abandonaría, siendo sustituido por Alan White.

A partir del tripe en directo *Yessongs* (1973) y el doble en estudio *Tales from Topographic Oceans* (1973), la crítica se ceba con ellos, considerándolos arquetipo de los excesos a los que había llegado el rock sinfónico. Wakeman abandona a su vez. El teclista suizo Patrick Moraz será su sustituto en *Relayer* (1974), una nueva e indiscutible obra magna en su repertorio tras la cual varios miembros (Anderson, Squire, Howe) publican sus debuts en solitario.

Regresan con Wakeman de vuelta en el seno de la banda y publican *Going for the One* (1977) y *Tormato* (1978), con un sonido un tanto más actualizado pero sin perder su esencia. Wakeman y Anderson dejan entonces el grupo. Sus inauditos reemplazos fueron Trevor Horn y Geoff Downes, conocidos como The Buggles (sí, los de «Video Killed the Radio Star») y el álbum resultante –*Drama* (1980) – no convenció pese a venderse bien.

Con la vuelta de Anderson y Kaye y la salida de Howe, Yes se reinventarían con *90125* (1983), un disco de temas cortos y contundentes, plagado de riffs cortesía del guitarrista sudafricano Trevor Rabin. La misma formación publicaría *Big Generator* (1987).

Llegaría entonces el proyecto y álbum homónimo de *Anderson Bruford Wakeman Howe* (1989), reunión de la formación clásica sin Squire, al cual se volverían a adherir en *Union* (1991), en el que también participaron Rabin, White y Kaye.

Su paso por los noventa y los dos mil los verían con nuevos cambios y discos cada vez más espaciados, siempre a buen nivel pero sin generar ningún clásico como los que jalonan buena parte de su discografía anterior.

CULTURA PROGRESIVA

Señas de identidad y marcas de fábrica

Los sellos

La industria discográfica fue pieza esencial en el inicio y posterior desarrollo comercial del rock progresivo. En una época en la que las actuales nuevas tecnologías y redes de distribución no eran sino una futurista quimera, prácticamente ningún artista podía llevar adelante su proyecto sin el respaldo de una compañía. Así o bien se fundaron nuevos sellos o las *majors* ya existentes crearon divisiones especializadas. Veamos algunos de esos sellos clásicos, así como algunos otros más recientes.

The Famous Charisma Label

Bajo tan rimbombante nombre, por lo general acortado a simplemente Charisma, se encuentra uno de los primeros sellos discográficos que prestaron atención al pujante rock progresivo de finales de los sesenta. Fue fundado en 1969 por Tony Stratton-Smith, ex periodista deportivo y mánager de algunas de las primeras bandas prog (Van der Graaf Generator, The Nice...). Su famoso logo con el Sombrerero Loco de Alicia en el país de las Maravillas decoraría en poco tiempo la parte central de muchos vinilos progresivos, entre ellos los de los citados The Nice y VDGG, así como su gallina de los huevos de oro, Genesis, y varios de sus músicos (Hackett, Banks), The Alan Parsons Project, Hawkwind, Peter Hammill, Lindisfarne, Brand X...incluso los Monty Python grabaron varios discos en su seno.

En 1983, Virgin Records adquirió el sello, aunque Charisma continuaría en activo tres años más, hasta que en 1986 Virgin absorbió la etiqueta tras su compra por parte de EMI.

Manticore

Manticore, pese a su corta trayectoria, merece especial atención en cuanto fue fundado en 1973 por uno de los grandes grupos del género, Emerson, Lake & Palmer. Inicialmente, el sello era propiedad conjunta de Island Records, pero esa colaboración duraría poco. Manticore sería distribuido por Atlantic Records hasta 1975, y de ahí hasta su adiós en 1977, adquirida por Motown. Aunque su catálogo es más bien escaso y no exclusivamente progresivo (Little Richard, Hanson o Stray Dog también publicaron con ellos), ha sido reeditado en diversas ocasiones desde entonces por parte de otros sellos. Sus puntales básicos fueron, aparte de los propios discos de E, L&P, varios discos de prog italiano en sus versiones inglesas, caso de *Photos of Ghosts* (1973) de Premiata Forneria Marconi, o *As in a Last Supper* (1976) de Banco del Mutuo Soccorso.

Harvest

En 1969 y a la vista de lo que se estaba cociendo en el mundo del rock, EMI creó una división bajo la batuta de Malcolm Jones llamada Harvest Records para centrar, en principio, los lanzamientos de progresivo. El nuevo sello, distribuido en Estados Unidos por Capitol, la rama americana de EMI, editó grabaciones de Pink Floyd y Syd Barrett, Barclay James Harvest, Kevin Ayers, The Move o Deep Purple. Mayormente centrada en artistas británicos, no le hizo ascos a otras latitudes, publicando los dos primeros discos de los progresivos australianos Spectrum. Con la llegada del punk cambió su línea, abarcando otros estilos y manteniéndose en activo hasta el día de hoy.

Chrysalis

Jugando con los nombres de sus creadores –Chris Wright y Terry Ellis–, Chrysalis fue otro sello británico responsable de diversos trabajos progresivos, especialmente en sus inicios. Creado en 1968, por sus filas pasaron Jethro Tull (y posteriormente Ian Anderson en solitario), Procol Harum, Uriah Heep, Gentle Giant, Steve Hackett o Greg Lake. No obstante, el 'sello de la mariposa' pronto ampliaría su radio de acción, abarcando multitud de bandas y estilos, conformando un catálogo extenso y ecléctico como pocos. Tras comprarle a Ellis su mitad de la compañía en 1985, Chris Wright vendió Chrysalis Records a EMI en 1991.

Vertigo

Vertigo Records fue una subsidiaria del grupo Philips/Phonogram, fundada en el Reino Unido en 1969 con el objetivo –como hizo EMI con Harvest– de especializarse tanto en rock progresivo como, en general, en música alejada de los parámetros más estándar. Responsable en los primeros setenta de clásicos como el *Seasons* (1970) de Magna Carta o el *Act One* (1970) de Beggars Opera y de bandas como Gravy Train, Colosseum, Cressida, Magma, Aphrodite's Child o Lucifer's Friend, pasó años después a encargarse en Europa de varias bandas de hard rock que operaban con Mercury en Estados Unidos. A día de hoy funciona a través de Universal Music UK.

Brain

Sello del krautrock por excelencia, Brain nació en Hamburgo en 1972 cuando dos de los A&R de Ohr –Bruno Wendel y Günter Körber– decidieron establecerse por su cuenta. De Ohr se llevaron con ellos a Guru Guru y no tardaron en fichar también a Cluster. Su fama empezó a crecer no sólo en la

Alemania Occidental sino en gran parte de Europa, haciéndose responsable de gran parte del kraut durante esa década y la siguiente: Neu!, Grobschnitt, Novalis, Jane, Klaus Schulze, Edgar Froese, Guru Guru, Birth Control, Embryo o Popol Vuh vieron varios de sus mejores trabajos editados con el sello.

Musea

Creada en Francia en 1985 como una asociación sin ánimo de lucro, Musea se dedicaba en principio a recuperar *stock* sin distribuir de bandas francesas de progresivo y jazz- fusion para venderlo a coleccionistas privados y mayoristas. El éxito de esta actividad les animó a crear su propio sello al año siguiente, decidiendo reeditar discos progresivos descatalogados, dando así a los aficionados la oportunidad de conseguir viejas joyas sin tener que pagar precios desorbitados y consiguiendo un nuevo éxito en la distribución a nivel mundial.

En la actualidad, Musea se ha establecido como uno de los sellos de referencia en el mundo del progresivo, sinónimo de calidad y rigor.

Inside Out

Referencia ineludible en el prog de final de siglo y años siguientes, este sello alemán fundado en 1996 por Thomas Waber dio sus primeros pasos reeditando en Europa álbumes de bandas de prog metal americanas como Symphony X y Shadow Gallery. De ahí pasó a conseguir fichajes importantes, como Steve Hackett, y a establecer un contrato de distribución internacional con la compañía SPV, creando su propia división americana como InsideOut US. Declarado en bancarrota en 2009, se alió con Century Media Records.

Muchas de la bandas de la tercera ola del prog han editado sus discos con el sello, entre ellas The Flower Kings, Riverside, Spock's Beard o Pain of Salvation.

Kscope

Kscope es un sello independiente, parte de Snapper Music, que nació a finales de los noventa como vehículo en principio exclusivo para Steven Wilson. Pero cuando Snapper adquirió los derechos de los primeros discos de Porcupine Tree, Wilson pensó en remodelar Kscope a la manera de subsellos setenteros como Harvest o Vertigo y dedicarlo a nuevas bandas de progresivo, dando libertad creativa, creando un catálogo unitario e involucrándose él mismo en muchas de las producciones. Convertido en referente del progresivo más actual, bajo el manto de Kscope encontramos trabajos de Gazpacho, Anathema, Anekdoten, Nosound, Steve Hogarth, No-Man o parte de la producción de Wilson y los Tree.

Los instrumentos

Uno de los aspectos que definen el rock progresivo es sin duda los instrumentos usados por los artistas. La base, desde luego, no difiere de la clásica del rock'n'roll, esto es voz, guitarra y bajo eléctricos y batería. Pero el prog trajo consigo un nuevo sonido y con él, otros instrumentos. Algunos ya conocidos pero no usados tradicionalmente en el rock (o no del modo en el que lo harían ellos), otros de nuevo cuño e incluso algunos de invención propia. Centrémonos en cinco de ellos sin los cuales sería imposible entender este género.

Flauta travesera

La flauta travesera o transversal no es la única utilizada en el prog pero sí la que ha dado pie al sonido más reconocible en algunos de los nombres más destacados del género. Arma e imagen de Ian Anderson y sus Jethro Tull, así como de Peter Gabriel en los primeros Genesis, el delicado y dulce sonido de este instrumento de viento ha llenado los pasajes más relajados y pastorales de muchos temas sinfónicos, siendo incluso elemento imprescindible en alguna escena, caso de la italiana en los primeros setenta.

Mellotron

Creado a principios de los sesenta por la empresa Mellotronica a partir de una idea previa (el chamberlin), este teclado eléctrico pronto se convirtió en instrumento fundamental del rock progresivo. Habitualmente montado sobre un mueble de madera, el mellotron utiliza *loops* de cinta para crear sonidos, es decir, que permite reproducir *samples* de sonido pregrabado en una cinta. Sin su característico sonido, cálido y envolvente, no se podrían concebir muchos de los trabajos de Yes, King Crimson, Genesis, Moody Blues o Premiata Forneria Marconi entre otros.

Hammond

Aunque el teclado hammond databa de mediados de la década de los treinta, su popularización llegaría en las décadas de los sesenta y los setenta, en gran parte –aunque no exclusivamente– de la mano del prog. Usando un altavoz rotativo Leslie para distribuir y expandir el sonido, fue incorporado por grupos como Van der Graaf Generator, Egg, Yes o Gentle Giant sin olvidar a su principal valedor, Keith Emerson, que solía usar un amplificador Marshall para exagerar el tecleo.

Moog/Mini-Moog

Fue de nuevo Keith Emerson quien en 1969, aún con The Nice, empezó a usar el Moog en escena (por entonces un armatoste de dimensiones considerables), animando a Robert Moog a fabricar versiones portátiles del mismo, más manejables. Capaces de generar una variedad prácticamente infinita de timbres, fueron usados tanto para generar sonoridades orquestales como para 'substituir', en un momento u otro, el sonido de una guitarra eléctrica. Con la llegada de los sintetizadores polifónicos (el polymoog y diversos competidores), las texturas que podían crearse con ellos irían desplazando poco a poco a otros teclados.

Violín

Instrumento sinfónico por excelencia desde siglos pretéritos, la amplificación del violín y su adscripción al sonido progresivo vino dado por una serie nombres concretos, dejando aparte –de nuevo– la escena italiana (con Donald Lax, de Quella Vecchia Locanda, al frente de todos). Así, tanto Eddie Jobson en Curved Air como Robby Steinhardt en Kansas podrían considerarse adalides del instrumento dentro del género, y aunque no fueron los únicos, sí fueron los que lo incorporaron como elemento fundamental en su sonido.

El escenario

El carácter muchas veces excesivo del rock progresivo tuvo una directa vertiente visual en lo referente a su traslación escénica. Los grandes grupos sinfónicos incorporaron a su directo una serie de elementos hasta entonces poco usuales, cuando no inexistentes.

En primer lugar, las indumentarias heredadas de la psicodelia se hacían cada vez más exageradas y estrambóticas. Túnicas, capas y lentejuelas, botas de plataforma y todo tipo de atuendos entre lo mágico y lo verbenero se hicieron normales entre algunos músicos, pero, eso sí, sin el desparrame andrógino –o abiertamente gay– del glam rock y sus plumajes. Se trataba más bien de proyectar una imagen esotérica, mitad mística y mitad futurista, para ilustrar frente al público unas canciones que muchas veces se centraban precisamente en esos mismos temas.

En ese sentido se potencia también el sentido de la teatralidad por parte de los cantantes con disfraces, máscaras y maquillaje que modifican su aspecto según la historia cantada. Ian Anderson en los Jethro Tull clásicos, o especialmente Peter Gabriel –enfundándose en la piel de diversos personajes– llevaron dicha tendencia a cotas de genialidad, y el eco de su particular sentido escénico pudo apreciarse años después en artistas de neo-prog como Fish o Peter Nicholls de IQ.

Las proyecciones tanto de imagen fija como en movimiento se vuelven cada vez más habituales. Pequeñas películas o simplemente montajes visuales plasmados a la espalda de los músicos, en escenarios cada vez más grandes, para hacer del directo una experiencia sensorial lo más completa posible.

Ciertas bandas incorporarían asimismo trucos escénicos de proporciones mastodónticas. Famosos al respecto fueron los montajes de Emerson, Lake & Palmer, con el famoso piano de cola 'volador' de Emerson y la no menos reconocible batería giratoria de Carl Palmer en un espectáculo que rozaba lo circense.

Y si por todo ello fuera poco, los más atrevidos (Barclay James Harvest, Procol Harum, Harmonium, los propios E, L&P...) osaron programar ciertos shows acompañados de orquestas, auténticas filarmónicas con docenas de músicos de formación clásica que, obviamente, no tocaban gratis y que en consecuencia disparaban los costes de producción de conciertos y giras hasta límites estratosféricos.

Con el paso de los años y las mejoras e innovaciones en luz y sonido, los shows de los grandes del progresivo seguirían incorporando efectos grandilocuentes: sonido cuadrafónico, montañas de amplis, juegos y efectos de luces cada vez más sofisticados...

Todo ello, como es obvio, con las excepciones que se quiera, pues no pocas bandas progresivas se mostraron moderadas en ese aspecto, algunas hasta espartanas en el aspecto visual.

Pero lo que resulta innegable es que, sin ser los primeros, el género que popularizó y expandió el concepto de espectáculo visual en sus directos, con permiso del glam, fue el progresivo.

La iconografía

Con el elepé reemplazando al single como formato principal, el rock progresivo encontró en las portadas de sus discos una seña de identidad inconfundible, sustituyendo paulatinamente la sempiterna fotografía de la banda por una serie de ilustraciones que, en muchas ocasiones, acabarían siendo características del género.

En el aspecto lírico las cosas también habían cambiado. A través de las experiencias proporcionadas por el LSD, los champis mágicos y demás sustancias lisérgicas, la psicodelia ya había introducido en el rock'n'roll unas letras que superaban con creces los temas de amor/desamor clásicos, aportando imágenes surrealistas y oníricas, que el rock progresivo no desdeñaría.

A ello se le sumaría un interés por la ciencia ficción y los relatos distópicos, los temas históricos (con especial atención al medioevo), la mitología, las leyendas populares y la fantasía en general. Personajes fabulosos, paisajes irreales y narraciones épicas demandaban una imagen en consonancia. Y así fue.

Dejando aparte el krautrock, que apostó mayormente por un minimalismo gráfico acorde a su sonido, dos artistas fueron fundamentales a la hora de establecer la iconografía en las portadas de los discos de prog clásico. Uno, Roger Dean, sin el cual no podría concebirse a Yes en el apartado visual. Empezó su colaboración con ellos en *Fragile* (1971) y desde entonces, salvo contadas ocasiones, fue el responsable de la mayoría de sus carátulas, así como las de varios de sus miembros en solitario (Howe, Wakeman), encargándose asimismo de otros numerosos artistas: Greenslade, Magna Carta, Gravy Train, Uriah Heep, It Bites, Asia o Glass Hammer entre otros muchos.

El segundo e imprescindible nombre es sin duda el colectivo Hipgnosis, compuesto en inicio por Storm Thorgerson y Aubrey Powell. Ellos crearon la mayoría de portadas clásicas de Pink Floyd, y trabajaron para Genesis, The Nice, Trees, Renaissance, Yes, Caravan, The Moody Bues o Jon Anderson, sin contar decenas de otros artistas en otros estilos.

Otros grandes ilustradores pusieron su arte al servicio del prog, caso de H.R. Giger en el *Brain Salad Surgery* (1973) de Emerson, Lake and Palmer o el *Attahk* de Magma (1977), Rodney Matthews en el *On a Storyteller's Night* (1985) de Magnum (y otros títulos para Eloy, Asia, Barclay James Harvest o Steve Hackett), el maestro del aerógrafo Mark Wilkinson en la primera etapa de Marillion y la mayoría de discos de Fish, o Simon Williams en la época clásica de Pendragon. Muchos de ellos creando no sólo magníficas ilustraciones sino una marca de fábrica, un sello reconocible como parte de la banda en cuestión.

Por supuesto también existen discos de rock progresivo con los miembros del grupo en portada, y otros en los que se aprovecharon imágenes pretéritas para ilustrarlas, como por ejemplo en *Waterloo Lilly* (1972) de Caravan, con una de las escenas de *El progreso del libertino* (1734), de William Hogarth o *Minstrel in the Gallery* (1975) de Jethro Tull, basado en unas obras del pintor decimonónico Joseph Nash. Pero aún con todo y con ello, cualquier discografía progresiva mínimamente esencial se ilustra sin duda alguna con gran parte de la iconografía citada.

Los grandes eventos

Aunque de un tiempo a esta parte existen numerosos festivales especializados en el prog, en los años dorados del mismo más que de grandes eventos progresivos deberíamos hablar de grandes eventos a secas, festivales multitudinarios de pop y rock que, eso sí, ajenos a categorizaciones sectarias – por entonces inexistentes– incluían en sus carteles a diversos nombres progresivos.

Ya desde el famoso *Festival de la Isla de Wight* en 1970, en el que Emerson, Lake & Palmer y Jethro Tull compartieron cartel con Jimi Hendrix, The Doors, Donovan, Leonard Cohen, Supertramp o The Who, encontramos siempre uno o varios nombres del género en los carteles británicos.

Pink Floyd y Van der Graaf Generator en el *Nottingham Pop & Blues Festival* (10 de mayo de1969); Pink Floyd, Soft Machine, Magna Carta, Peter Hammill o King Crimson en *The Ninth National Jazz and Blues Festival* de East Sussex (8 al 10 de agosto de 1969), The Nice, Magna Carta, Pink Floyd y King Crimson en el *Rugby Rag Blues Festival* (13 a 15 de septiembre de 1969); Pink Floyd, Colosseum o Moody Blues en el *Bath Festival of Blues and Progressive Music* (27 al 29 de junio de1970); Yes en el *Afan Festival Number 2* (23 de mayo de 1970); Genesis, Focus o Gnidrolog en el *The Great Western Festival 72* (26 al 29 de mayo de 1972)...y así podríamos seguir.

Desde finales de los setenta y tras un par de décadas sin apenas grandes nombres progresivos en los eventos multitudinarios –cada vez más especializados–,a finales de los noventa y con la entrada del nuevo milenio surgieron una serie de citas anuales que el tiempo ha ido consolidando, todo un nuevo circuito internacional de festivales progresivos para disfrutar de alguna vieja gloria, bandas actuales y nombres emergentes.

Nombres como el *Baja Prog* (Mexicali, México), *Crescendo Festival* (Saint-Palais-sur-Mer, Francia), *Be Prog! My Friend* (Barcelona, España), *Terra Incognita Prog Festival* (La Chapelle, Canadá), *HRH* (Pwllheli, País de Gales), *Midsummer Prog Festival* (Valkenburg, Países Bajos), *A New Day Festival* (Faversham, Reino Unido) o el *ProgDay* de Carolina del Norte, el *Rites of Spring Festival (RoSfest)* de Gettysburg o el *Seaprog* de Seattle, todos ellos en Estados Unidos conforman una agenda exhaustiva, síntoma de la buena forma del rock progresivo a día de hoy y frente a la cual, como fan, sólo es necesario disponer de ingentes cantidades de tiempo y dinero

¿Y a quién no le sobran ambas cosas?

ROCK PROGRESIVO EN ESPAÑA Y LATINOAMÉRICA

España

En los años sesenta, la década del aperturismo en una España aún resacosa de la posguerra y atenazada por una galopante miseria cultural heredada de la dictadura aún vigente, vio nacer docenas de grupos y artistas a rebufo del pop anglosajón, la famosa música ye-ye; inocente e inofensiva por un lado, con cierto poso rebelde por otro, pero ligera y accesible en conjunto. La juventud española podía por primera vez menear las caderas con algo que no fueran coplas, pasodobles y demás tonadillas vernáculas y verbeneras. Nacían los guateques, crecían los flequillos y se acortaban las faldas. Todo ello hasta que a finales de década un nuevo batallón de jóvenes volvían a mirar allende fronteras para fijar su mirada y sus oídos en esa nueva música, complicada y excéntrica, que empezaba a descollar de la mano del blues y la psicodelia. Ya no eran Beatles y demás los que cortaban la pana, sino nombres como Captain Beefheart, Hawkind, Pink Floyd, Genesis, Yes o King Crimson, sin olvidar a los pesos pesados del hard tipo Zeppelin o Purple y al naciente jazz-rock de Soft Machine o Return to Forever. Un estofado denso y ecléctico en el que los jóvenes (muy jóvenes la mayoría) grupos españoles picoteaban en busca tanto de inspiración como de un sonido propio.

Así nació una segunda generación de artistas que, catalizando esas influencias y aportando su carácter personal, dieron pie a lo que popular y genéricamente se conoció como 'underground'. Una serie de grupos de inconfundible sonido progresivo, que cantan en inglés y que desde 1969 hasta 1973, aproximadamente, se convirtieron en los grandes pioneros del prog patrio: Máquina!, Módulos, Fusioon, Om, Vértice, Pan & Regaliz, Smash… en un escenario estilísticamente ecléctico y que, con algunas notables excepciones, convergió en dos escenas muy delimitadas: la catalana y la andaluza. La primera más marcada por el jazz-rock y la fusión (de la que derivaría la llamada 'música layetana'), y la segunda por el blues, la psicodelia y el flamenco, precursora del archiconocido rock andaluz.

Bandas seminales cuya importancia musical supera con creces el impacto comercial en su momento. Cierto, hubo un público y una escena para ellos, festivales multitudinarios y sellos dedicados casi en exclusiva y un notable apoyo de los medios, especialmente por parte de una nueva y atenta generación de periodistas musicales, pero aún con todo y con ello la música progresiva en España, incluso en su momento de máxima difusión, nunca alcanzó las cotas de popularidad ni –especialmente– de ventas que había experimentado la música pop en la década anterior. Tal vez por dirigirse a un público especializado y en cierto modo elitista, tal vez por facturar el grueso de su producción cantando en inglés (en un país aún analfabeto en cuanto a idiomas extranjeros)... las teorías al respecto son diversas, aunque ninguna concluyente.

A lo largo de los setenta irían surgiendo nuevas bandas adscritas al género, así como en otros puntos de la geografía ibérica. Ia & Batiste, Bloque, Itoiz, Triana, Iceberg, Crack... un goteo de nombres a cual más interesante, fundamentales algunos de ellos, hasta que, al igual que ocurrió en el Reino Unido, la guillotina del punk (y la posterior e inefable *movida*) no dejó apenas títere con cabeza. En los años ochenta y noventa sólo unos pocos y audaces músicos se moverían en territorio progresivo, artistas entre lo idealista y lo visionario, cuyo nombre ha quedado como un secreto sólo compartido por iniciados; no obstante con la llegada del año 2000, y de ahí en adelante, empezarán a surgir ciertos nuevos nombres que, sin revivir ninguna escena en concreto, facturan un prog de altísima pureza, ya sea desde el jazz, la psicodelia o el sinfonismo más vanguardista. Nombres que han encontrado una nueva y selecta audiencia progresiva, aparentemente adormecida, que ha vuelto a retomar y aplaudir el género bajo una perspectiva contemporánea.

Latinoamérica

Los inicios del rock progresivo en Latinoamérica son la historia de una lucha constante. Una lucha por crear un circuito de estudios y clubs prácticamente de la nada, una lucha por seducir a un público latente pero falto de referencias, una lucha contra la falta de medios y ayudas, contra situaciones sociales y políticas difíciles, cuando no imposibles. Y aún así se consiguió. Atravesando ríos, cortando maleza y desafiando a los elementos los primeros exploradores del prog consiguieron, a finales de los sesenta y a lo largo de la década siguiente, crear música suficiente como para dejar una impronta significativa, cuyo eco aún se escucha en numerosas bandas actuales.

Partiendo, al igual que ocurrió en Europa, de una serie de grupos entre el beat y la psicodelia, el cambio a los setenta vio –principalmente en Argentina, México, Colombia, Chile, Uruguay y Perú– a una serie de bandas adaptando patrones progresivos, muchas de ellas con el blues en la recámara y la música autóctona de raíz precolombina como elemento diferencial. De todos esos países, el más adelantado en cuestiones musicales en el momento en que lo progresivo hace su aparición era sin duda Argentina. Dotado de una tradición musical propia, con figuras emergentes y una efervescente y bulliciosa escena en creciente expansión, los años setenta fueron la década de oro del rock en el país: Almendra, Crucis, Espíritu, La Máquina de Hacer Pájaros, Vox Dei, Color Humano, Serú Girán y un largo etcétera escribieron una de las páginas más interesantes de la música popular de finales del siglo pasado.

A un menor nivel pero aún así con la suficiente entidad, México proporcionó al progresivo una serie de nombres a destacar entre los setenta y los ochenta. Toncho Pilatos, Los Dug Dug's, Praxis, Cast, Banda Elástica o Chac Mool entre varios otros tomaban elementos del prog anglosajón y lo mezclaban con la música tradicional mexicana, el jazz y el blues creando un sonido propio e identificable. No todos ellos se mantuvieron bajo el manto prog toda su carrera. De hecho algunos sólo lo abrazaron momentáneamente en algún disco en particular, o lo incluyeron parcialmente en algunos temas, pero todo ello fue suficiente para que una vez llegados los noventa México viera un auge del género de la mano de una nueva generación de músicos cada vez más atrevidos, que hicieron del eclecticismo su *modus operandi* y que han acabado por situar al país azteca en el podio de territorios prog hoy día en el cono sur.

Otros nombres aparecen en esta guía como testimonio de una época irrepetible, en países muchas veces olvidados por el consumidor de rock –europeo y norteamericano– sin demasiadas inquietudes: los colombianos Siglo Cero, Los Flippers o La Banda Nueva, los chilenos Jaivas, los peruanos Frágil o los uruguayos Psiglo conforman una selección que –lo reconocemos– podría y debería haber sido más amplia, pero que aún siendo escueta por lógicas razones de espacio, creemos lo suficientemente significativa. Porque el rock progresivo en los países latinoamericanos, aún gozando de buen predicamento y una más que notable aceptación por parte de un público propio cada vez más entendido, sigue siendo un gran desconocido para un número tristemente elevado de aficionados al género en otras latitudes. Algo a lo que se debería poner remedio cuanto antes, pues la cantidad de joyas ocultas (y no tan ocultas) en la discografía de muchas de estas bandas sorprende a todo aquel que se atreve a escarbar mínimamente en ellas.

Y no sólo echando la vista atrás, pues en el aquí y el ahora existe un prog contemporáneo exquisito, facturado por músicos de un virtuosismo que nada tiene que envidiar al de los clásicos y cuya música sólo espera unos oídos inquietos y curiosos para darse a conocer.

LA BANDA NUEVA
Banda sonora de una ciudad
1972
Bogotá, Colombia

A principios de los setenta, Colombia se encontraba en una cierta encrucijada musical. Una parte de aquellos que querían dedicarse a la música hacían el petate y partían en busca de otras latitudes. Y los otros, los que se quedaban, tenían que vérselas con un público aún embrionario y un circuito e infraestructuras rozando lo inexistente.

Su capital, Bogotá, experimentaba a su vez una serie de cambios sociales y demográficos. La vida de la urbe se dinamizaba en base a una fuerte expansión metropolitana y continuamente llegaba población procedente de las zonas rurales tratando de encontrar una vida mejor.

En ese contexto apareció La Banda Nueva, fruto del encuentro de los músicos Orlando Betancourt (teclados), Gustavo Cáceres (bajo y voz), Jaime Córdoba (batería) y Juan Carrillo (guitarra). Los cuatro, al contrario de lo que era más o menos habitual por entonces, entraron al estudio a los pocos meses de su formación sin haber debutado ni una sola vez en directo. Una curiosidad que no fue óbice para que parieran un espectacular –y único– disco repleto de jazz, blues, aires y ritmos latinos, derivas progresivas – con ecos de Yes o Genesis– y música contemporánea, a la vez que aprovechaban al máximo los recursos técnicos que les ofrecía un estudio como Ingeson, al igual que habían hecho The Speakers cinco años atrás con su clásico *En el maravilloso mundo de Ingesón* (1968).

Titulado como una de las piezas para piano del compositor húngaro Béla Bartók en su monumental *Mikrokosmos*, *La Gran Feria* (1973) era –y así ha pasado a la historia– la banda sonora de su ciudad en un momento en que se marchitaban las flores y se expandía el asfalto. Un disco que nos muestra a la urbe musicalizada en clave de experimentación pop, con temas tan redondos como «Al que madruga le da sueño», «Quiero contarte», una versión libre de la pieza de Bartók antes mencionada o ese «El blues del bus» que muestra que tampoco les faltaba sentido del humor.

Pero por encima de todo, el conjunto se eleva con la canción «Emiliano Pinilla», abriendo la cara A del disco (no ha llegado a editarse en CD, otra de esas absurdas injusticias), que pasa por ser su tema insignia y, por extensión, uno de los temas clásicos cuando se habla de rock colombiano. Al año siguiente, con Gustavo Cáceres reemplazado por Mario Sarasty y tras abrir en la gira que la banda británica Christie llevó a cabo por Colombia, La Banda Nueva se despedía de su público para siempre.

BLOQUE

Hijos del alba

1973

Torrelavega, Cantabria, España

No es Cantabria una de las cunas del progresivo en el estado español, pero sí surgió de allí uno de los nombres más representativos del género a principios de los setenta. Bloque lo conformaban Luis Pastor (bajo), Juan José Respuela y Sixto Ruiz (voces y guitarras), Paco Baños (batería) y Juan Carlos Gutiérrez (voz y teclados), una formación que se mantuvo inalterable durante toda su trayectoria.

Durante su primer lustro de existencia el grupo se va dando a conocer primero en la escena local del Norte y más tarde a nivel más amplio. Eran tiempos convulsos. Con Franco aún vivo, en julio de 1975 participan en el festival *15 Horas de Música Pop* en Burgos (el famoso Festival de la Cochambre). Un año más tarde, con el dictador ya fallecido, Bloque vuelve a otro gran evento, en este caso el *Primer Enrollamiento Internacional del Rock Ciudad de León*, en el que siguen cogiendo tablas a la espera de un contrato en condiciones. Éste llegará de la mano de Chapa Discos, sello subsidiario de Zafiro, que les había echado el ojo tras sendas actuaciones en la conocida sala madrileña M&M y en el programa de Televisión Española *Voces a 45*.

Grabado a finales de 1977, *Bloque* (1978) les presenta como una banda con buen sonido y composiciones notables, a las que le faltaba sólo un plus de originalidad para acceder a la primera división.

Y ese plus llegó con su segundo disco. *Hombre, Tierra y Alma* (1979) les muestra ya como una banda solidísima, que combina las esencias sinfónicas de los nombres clásicos con un tratamiento de las guitarras que recuerda tanto a Wishbone Ash como incluso a los Allman Brothers.

Consolidados y seguros de sí mismos entran de nuevo en el estudio y facturan un tercer disco –*El Hijo del Alba* (1980) – que, junto al anterior, es título de referencia obligada e inexcusable cuando de rock progresivo español se habla. Repleto de nuevo de sus características y envolventes guitarras y con los teclados coloreando magistralmente sus particulares textos, imbuidos de un particular y un tanto ingenuo misticismo, este tercer disco les consagró en la escena del momento, a pesar de que la misma y de forma inminente iba a ser arrasada por los sonidos de la new wave y la inefable movida madrileña.

Así tras *Música para la libertad* (1981), su cuarto y último disco, Bloque apenas aguantarían dos años más antes de tirar la toalla. Las décadas siguientes verán esporádicas reapariciones de la banda, con cambios en la formación, pero ningún proyecto en firme a largo plazo.

CABEZAS DE CERA

Luthiers visionarios
1995
Ciudad de México, México

Si normalmente resulta complicado tratar de definir sobre el papel la sonoridad de un artista, en el caso de Cabezas de Cera esa tarea se torna titánica. Rock experimental, progresivo, noise, jazz, folklore, fusión, rock en oposición incluso…Todo ello, además, interpretado con una colección de instrumentos de invención y fabricación propia. Sin renunciar a los más convencionales y otros menos comunes pero ya inventados (zurna, diyeridú, Chapman stick), los mexicanos han creado artefactos musicales –metales especialmente– únicos e inexistentes hasta el momento: el charrófono, la jarana prisma, el tambor kitai y el tricordio, por citar sólo algunos. En palabras de su creador, Francisco Sotelo: "La idea era experimentar y ver qué resultaba; que los instrumentos nuevos funcionaran con los que tocábamos: el stick, la guitarra y la batería. Al final funcionó aunque al principio fue difícil adaptarse a la tosquedad".

Vayamos al principio, no obstante. Cabezas de Cera (nombre tomado de la novela *El reino de este mundo*, de Alejo Carpentier) nació en 1995, en un cuarto de ensayo en la casa de Cristóbal Pliego, bajista y amigo de los hermanos Mauricio y Francisco Sotelo, el primero encargándose de la guitarra y Francisco de las percusiones. Ávidos de experimentación pero aún dentro de una cierta ortodoxia, publicarían su debut homónimo en el año 2000, con Cristóbal ya fuera y con la incorporación de Ramsés Luna ocupándose de los vientos. Una excelente presentación que tuvo continuidad con un segundo trabajo apenas dos años después. En *Un segundo* (2002) complican un poco más su mixtura de estilos, sonando tan pronto sinfónicos como cercanos al free-jazz, tan étnicos como electrónicos, llevándolo todo al paroxismo con su tercer trabajo, el doble álbum *Metalmúsica: Aleaciones Aleatorias* (2004). No apto para todos los oídos, la constante improvisación y la aparente falta de estructura en muchos temas hacen de éste su disco más complicado y caótico.

Tras un directo ya convertidos en dúo tras la partida de Ramsés –*Hecho en México* (2007) –, los dos hermanos se toman su tiempo hasta la publicación de un cuarto álbum, *Hermandad* (2012) y un proyecto, a petición de la Cineteca Nacional, consistente en musicalizar el film clásico *El gabinete del doctor Caligari* (1920), plasmado en su último disco hasta el momento – *Música en escala de grises* (2015) – para el que volvieron a una instrumentación más sencilla, basada íntegramente en la batería electrónica, el stick y el piano acústico.

CAST

Cuarenta años en la brecha

1978

Mexicali, Baja California, México

Cuarenta años ininterrumpidos de carrera no es un caso único en el mundo del rock sinfónico. Hay pocos, cierto, pero los hay. Ahora bien, si hablamos de progresivo mexicano, se torna excepcional. Y Cast es un caso excepcional, tanto por su longevidad como por las circunstancias de su trayectoria.

Nacidos en el año 1978 por iniciativa del teclista Alfonso Vidales, resulta casi imposible encontrar información sobre sus primeros dieciséis años de existencia. Tan sólo un primer sencillo en 1979 –«Complot»– y un primer concierto ese mismo año en el Café Literario de Mexicali. A partir de entonces, se abre un largo periodo de cambios de personal que desemboca en la creación de su propio estudio de grabación, Castudio, en 1993, lo cual les permite por fin plasmar físicamente todo el material que habían ido escribiendo desde su fundación. Que no era poco, a la vista de lo acontecido. En apenas dos años publican nada menos que seis discos. *Landing in a Se-*

rious Mind (1994), *Sounds of Imagination* (1994), *Third Call* (1994), *Four Aces* (1995), *Endless Sings* (1995), *Beyond Reality* (1996) establecen los cimientos de su sonido, sólidamente anclado en el sinfónico de los años setenta, tanto el anglosajón –Emerson, Lake & Palmer y los primeros Genesis a la cabeza– como el italiano, con PFM como referencia ineludible.

Asimismo empiezan a darse a conocer internacionalmente, participando en festivales en Estados Unidos y Europa, a la vez que mantienen un constante y prolífico ritmo de grabaciones (mínimo una y a veces hasta dos por año). En el 2002 vuelven a darse significativos cambios en la alineación de la banda, que además decide grabar por primera vez fuera de México, recalando en España, en Jerez de la Frontera concretamente. Allí, con varios integrantes de la banda gaditana Omni como músicos invitados, grabarán un doble álbum en el que, a sus habituales pompas sinfónicas, añaden unas refrescantes influencias flamencas y árabes. *Al-Bandaluz* (2003), además, será el primer disco de su carrera con las letras íntegramente cantadas en español. Ocho discos más verán la luz de ahí en adelante, alimentando una discografía cada vez más rica y completa.

Cast son además los creadores y organizadores del famoso festival Baja Prog. A partir de una casi improvisada primera edición en 1997, con sólo tres bandas en el cartel y gracias a la entusiasta respuesta del público, el Baja Prog se ha convertido en uno de los festivales de referencia en América en cuanto a rock progresivo se refiere.

CHAC MOOL

Exploradores en territorio virgen

1979

Ciudad de México, México

Carlos Alvarado y Jorge Reyes se conocían desde 1973, cuando ambos estudiaban flauta travesera en la escuela Nacional de la Universidad Nacional Autónoma de México (UNAM). Tras unos años de proyectos personales, ambos se encontrarían de nuevo. Era el año 1979 cuando, al término de un concierto de Alvarado, Reyes le abordó pidiéndole ayuda para un disco en solitario que tenía en mente. El germen de Chac Mool.

En los días que siguieron los dos músicos ensayaron diversos temas con Jorge a la flauta y guitarra y Carlos ocupándose de los teclados. No tardaron en reclutar a Mauricio Bieletto como cantante, Armando Suárez para el bajo y Carlos Castro a la batería y grabar *Nadie en especial* (1980), una obra deudora del mejor progresivo clásico, en la que incluyeron instrumentos como el violonchelo, la mandolina o el mellotrón, poco utilizados hasta entonces en un género, el rock, todavía minoritario en México.

Animados por la buena recepción de su primer disco, se aprestan a lanzar al mercado una continuación bajo el título *Sueños de metal* (1981) en el cual continúan por la senda ya trazada: sinfónico, folk prog y space rock de cuidada factura, letras en español y un tono general entre lo cósmico y lo étnico, en un equilibrado duelo entre sintetizadores, electricidad guitarrera y flautas precolombinas.

Ese mismo año surgió una gran oportunidad –fallida a su pesar– al ofrecérseles abrir nada menos que para Queen en la ciudad de Puebla. Se les llegó a anunciar como teloneros, pero finalmente y debido a las desorbitadas exigencias económicas del promotor, lo que podría haber sido un espaldarazo definitivo a su incipiente proyección nacional e internacional quedó en agua de borrajas.

Para más *inri*, su tercer disco se mostró como un proyecto disperso y en general fallido. *Cintas en directo* (1982), pensado como un disco de estudio grabado a la primera toma sin mezcla o retoque alguno, podía haber resultado un experimento interesante, pero sin ser un mal disco se queda un poco a medias, adoleciendo además de un sonido pobre y demasiado crudo.

Pero lo peor estaba por llegar con *Caricia digital* (1984), en el que ya no se avista rastro alguno de sinfonismo, ofreciendo una colección aséptica, insípida e inodora de pop rock sin personalidad alguna, tras la cual deciden dejarlo. Suárez y Alvarado, no obstante, reformarían el grupo en 1999 para editar un nuevo –y esta vez sí, más que recomendable– álbum titulado *El mensajero de los dioses* (2000).

CRACK

Un disco para la historia

1978

Gijón, Asturias, España

Crack fue un grupo fuera de su tiempo. Su calidad musical es indiscutible y el único disco que grabaron es una de las joyas del rock sinfónico español, pero desde luego 1978 no era el mejor año para un sonido como el suyo. Aunque no aparecieron de la nada, obviamente.

Del quinteto formado por Alberto Fontaneda (voz, guitarra y flautas), Mento Hevia (teclados), Rafael Rodríguez (guitarra), Álex Cabral (bajo) y Manolo Jiménez (batería) se tienen noticias ya desde 1973, cuando practicaban un rock sureño más basado en las guitarras y en cuya alineación encontramos a un chaval llamado Jorge Martínez, que con el paso de los años sería conocido como el líder de Ilegales. Cuando Jorge les dejó, Mento asumió el control en la banda, dirigiéndola hacia un sonido progresivo deudor de los primeros Genesis, así como de PFM y toda la pandilla italiana en general.

Su gran oportunidad surgió tras tocar con Asfalto en un festival en el Ganzábal, en Langreo. A los madrileños les gustó mucho la banda y, al volver a la capital hablaron de ellos al hombre fuerte de Chapa Discos, Vicente 'Mariscal' Romero. Dicho y hecho, se les llamó para una entrevista y en muy poco tiempo ya tenían acordadas las fechas de grabación.

Entrando al estudio con la mayoría del material ya compuesto, el sello no escatimó detalles, poniendo a su disposición un piano de cola, hammond, sintetizador ARP, mellotrón... todo un lujo para un disco de debut. Las ideas bullían en el estudio, de tal modo que incluso se pasaron del número de horas previsto y les tuvieron que conceder una prórroga.

El resultado valió la pena. *Si todo hiciera Crack* (1979) es un disco que fluye, lírico y melódico, entre envolventes capas de mellotron, moog y piano, una perfecta combinación de guitarras acústicas y eléctricas y el sonido de la flauta por encima de todo ello. La famosa portada del ratón dentro de una jaula de pájaro, por cierto, nació de un concurso organizado por Radio Gijón, en el que los oyentes mandaban sus propios diseños.

Por desgracia la trayectoria de Crack no iría mucho más allá. Tras un par de cambios en la formación, en marzo de 1980 actúan en el Festival de las 6 Horas de Rock de Avilés junto a grupos tan dispares como Aviador Dro o La Banda Trapera del Río. Un evento en el que sufren –no sólo ellos– distintas catástrofes (robo de material e instrumentos, la fuga de los organizadores con toda la recaudación...) y que propicia el fin de la banda, ya por entonces en equilibrio precario.

COLOR HUMANO

Himnos porteños

1971
Buenos Aires, Argentina

"No nos dividimos, nos multiplicamos. Yo creo que va a haber más música".
Con esta sentencia explicaba Edelmiro Molinari el final de Almendra, grupo seminal del rock argentino, y de paso daba en la diana pues no pasaría mucho hasta que, de aquella banda, surgieran otras tres que harían historia igualmente: Aquelarre, Pescado Rabioso y Color Humano.

Estos últimos, un trío formado a finales de 1971 por el propio Molinari (voz y guitarra), Rinaldo Rafanelli (bajo) y David Lebón (batería) debutarían en abril de 1972, en el Teatro Atlantic de la capital argentina, y no tardarían en publicar un primer disco homónimo en el que desarrollaban un rock inconfundiblemente progresivo muy marcado por la psicodelia, guitarras ácidas y frecuentes cambios rítmicos.

Al poco, Lebón dejó el grupo para unirse a Pescado Rabioso. Con Óscar Moro como nuevo batería, la banda actuaría en el tercer Festival B.A. Rock de 1972, evento que sería grabado y publicado en el film *Rock hasta que se ponga el sol* (ellos de hecho abren la película con «Larga vida al sol») y que se considera una especie de Woodstock argentino dado el estado de gracia en que se encontraban las bandas que participaron, uno de los mejores momentos del rock en el país.

En marzo de 1973, y ya con Molinari autoerigido como líder del trío, vuelven al estudio para dar forma a su segundo álbum. Graban gran cantidad de material y, una vez entregado para ser disco doble, se topan con el freno de Microfón, su compañía discográfica. Los responsables del sello les anuncian que el proyecto no es viable por temas de presupuesto (derivados de la crisis del petróleo) y que el disco deberá editarse como un elepé sencillo, en dos partes.

De ese modo su segundo trabajo quedaría dividido en dos discos: *Color humano II* (1973) y *Color humano III* (1974), perdiendo con ello su concepto unitario pero mostrando de igual manera a la banda en una forma excepcional, con canciones memorables: «La tierra del gitano», « Humanoides», «Va a salir un lugar», «Mañana por la noche»… Temas de una madurez asombrosa que, por desgracia, no tendrían continuidad pues los tres dejarían de funcionar como banda al año siguiente.

Una nostálgica reunión de Molinari, Rafanelli y Moro tuvo lugar veinte años más tarde, en un no menos nostálgico show grabado y editado como *Color humano en The Roxy* (1995). Al año siguiente Microfón dio una alegría a todos sus fans editando por fin su segundo y tercer discos como un CD doble, recuperando la idea original.

CRUCIS
Demasiado, demasiado pronto
1974
Buenos Aires, Argentina

Los orígenes de Crucis se remontan a agosto de 1974. En aquel momento la banda estaba formada por Gustavo Montesano (guitarra y voz), José Luis Fernández (bajo), Daniel Frenkel (batería) y Daniel Oil (teclados), aunque en apenas un año el *line up* vería algunos cambios: Fernández se iría para unirse a La Máquina de Hacer Pájaros, con lo que Montesano pasó a encargarse del bajo; más tarde entrarían Pino Marrone como guitarra y Aníbal Kerpel sustituyendo a Oil, y finalmente Gonzalo Farrugia (que acababa de dejar a los uruguayos Psiglo) toma las baquetas en lugar de Frenkel.

Muchos cambios para una banda muy joven, que se encontró con el éxito de un primer disco –el homónimo *Crucis* (1976) – apenas saliendo de la secundaria y a los que la maquinaria del negocio (giras, grabaciones, viajes, entrevistas...y drogas, claro) les pasó por encima, implacable. En cualquier caso ese primer elepé es un magnífico ejemplo de rock sinfónico de claro ascendiente europeo, con las suficientes dosis de hard y jazz rock como para llegar a un público amplio y receptivo. El disco fue producido por Charly García, del grupo Sui Generis, el cual quedó tan impresionado tras ver a la banda en directo en el Teatro Astral que no se lo pensó dos veces a la hora de ofrecerse a producirles su debut.

Una primera piedra sólida y bien afianzada, pues, que se vería superada por su segundo trabajo. *Los delirios del Mariscal* (1977) corregía y ampliaba lo expuesto hasta entonces, con una impecable colección de canciones –tan sólo cuatro, cierto, pero menudas cuatro– llevadas en volandas por el órgano de Kerpel y la guitarra de Marrone; sin duda alguna uno de los mejores ejemplos de progresivo que ha legado el rock argentino. En una decisión insólita para el lugar y la época, la banda –muy conscientes y seguros respecto al sonido que querían conseguir– pidió viajar a Miami para mezclar el disco en los Criteria Recording Studios con el ingeniero Jack Adams, a lo que RCA, satisfecha de los resultados de su primer álbum, accedió.

Pero tras un par de giras por Brasil y pese a encontrarse en su mejor momento como grupo, la banda se disuelve al poco de regresar a casa. A ello contribuyó tanto el cansancio físico y mental acumulado, como la divergencia de opiniones en cuanto al camino a seguir, pues mientras Kerpel y Marrone querían orientar a la banda cada vez más hacia el jazz rock y la fusión, Montesano seguía firmemente anclado en la música clásica y en el concepto básico del rock sinfónico.

ESPÍRITU

Entre lo etéreo y lo tangible

1972

Buenos Aires, Argentina

El guitarrista Osvaldo Favrot, tras varias experiencias previas –la más notable el grupo beat Onda Corta– fundó en 1972, junto al cantante Fernando Bergé, uno de los grupos más importantes en la historia del rock progresivo: Espíritu. Varias probaturas y más de dos años de ensayos y conciertos dieron con la formación definitiva añadiendo a Gustavo Fedel (teclados), Claudio Martínez (bajo) y Carlos Goler (batería).

Crisálida (1975) fue su estreno discográfico, un disco que recibió una estupenda acogida tanto de crítica como de público, en un momento dorado para el rock progresivo en Argentina. Escuchado a día de hoy, su concepto del sinfonismo adaptado al folk y la psicodelia, su sentido de la armonía y sus evidentes deudas con Genesis y Yes siguen haciendo de *Crisálida* un disco único. La banda triunfa allá por donde pasa, con un directo espectacular en el que no descuidaban, aparte de lo meramente musical, la puesta en escena, llegando al apogeo en su mítico concierto en abril de ese año en el Cine-Teatro Regio de Buenos Aires.

Poco después Fedel abandona y es sustituido por Ciro Fogliatta, ex teclista de Los Gatos. Con él grabarían su segundo trabajo, *Libre y natural* (1976), un disco que poco tenía que envidiar a su predecesor. Rock sinfónico con mayúsculas, ecos de los maestros italianos y una presentación en el Teatro Coliseo que los más veteranos aún recuerdan como el acontecimiento de aquel año.

Pero los problemas de siempre (diferencias internas y con la discográfica, agotamiento mental y físico, etcétera) llevan a la banda, en 1977, a un callejón sin salida.

Un lustro más tarde, coincidiendo con un breve revival del progresivo en el país, Osvaldo y Fernando volverían a la carga con nuevos compañeros de viaje. *Espíritu* (1982) y el siguiente *Live En obras 1982* mantienen un cierto poso sinfónico, pero su sonido –obviamente influenciado por la época– deriva más hacia el latin-jazz e incluso el funk, y tras un nuevo y prescindible elepé –*En movimiento* (1983) –, con Osvaldo en tareas de cantante tras la salida de Fernando, el grupo se disuelve de nuevo.

Todo parecía quedar para la historia cuando, en 2002, Favrot remozaría al grupo con nuevos músicos –incluyendo a su hijo Federico–, editando un más que apreciable trabajo titulado *Fronteras mágicas* (2003) y realizando diversas apariciones en vivo, plasmadas en un par de directos, al tiempo que veían sus tres primeros trabajos reeditados por fin en CD, con su disco de 1982 rebautizado como *Espíritu III*.

LOS FLIPPERS
Fundadores
1964
Bogotá, Colombia

Antes de llamarse Los Flippers (nombre inspirado en la famosa serie de TV estadounidense de los sesenta con un delfín por protagonista), Arturo Astudillo y Carlos Martínez ya habían dado unos pocos pasos como The Thunderbirds (otra referencia televisiva). Fundados en 1964, pronto se rebautizan y, en una escena, la colombiana, prácticamente por crear desde cero, se dedican a tocar versiones de rock y rythm'n' blues provenientes en su mayoría de la *british invasion*.

En 1965 graban un single con una cover del famoso «Doo Wah Diddy» de Manfred Mann y al poco consiguen un contrato con la compañía Co-discos. Con ellos el cuarteto lanzaría sus dos primeros elepés. *Discotheque* (1966) y *Psicodelicias* (1967) aún mantienen buena parte del espíritu beat de sus inicios, aunque en el segundo ya se pueden apreciar ciertas influencias más elaboradas e intrincadas.

Con el cambio de década y ya afianzados comercialmente, esas ganas de experimentación fueron *in crescendo*, en especial con la incorporación de Carlos 'Charlie' Cardona. En los primeros setenta Los Flippers ya se habían convertido pues en una banda entre el pop, la psicodelia y el progresivo, incorporando teclados y arreglos de metales a sus canciones, todo lo cual desembocaría en un álbum aún hoy mítico: *Pronto viviremos un mundo mucho mejor* (1973). En él se acrisolan todas las virtudes del grupo, en aquel momento convertidos en trío con Astudillo (voz y guitarra), Cardona (batería) y Fabio Gómez (bajo). Considerado uno de los trabajos discográficos más emblemáticos del rock colombiano, en dura pugna con *En el maravilloso mundo de Ingesón* (1968) de Los Speakers, todos los temas son originales excepto ese «Vivamos siempre juntos» que abre el disco, una inspirada versión del «We Got to Live Together» de Buddy Miles.

En 1975, y coincidiendo con una sensible mengua en el interés de público y medios hacia la música rock, Los Flippers dan por finalizada su aventura. A iniciativa de Astudillo, la banda sufrirá una reunión entre los años 1980 y 1982, que propició algunas actuaciones y la aparición de un nuevo disco –*Llegarás* (1982) – antes de desaparecer, ahora sí, definitivamente.

Considerados junto a Génesis (con acento, no confundir con el dinosaurio británico) como el grupo fundacional del rock en Colombia, su longevidad y su espíritu crecientemente experimental hicieron de ellos, además, una especie de laboratorio por el que pasaron no pocos nombres vinculados, antes o después, a otras bandas y escenas locales.

FRÁGIL
En las calles de Larco
1976
Lima, Perú

A mediados de los setenta Octavio Castillo, César Bustamante y Luis Valderrama eran ya tres músicos con experiencia que, junto a Andrés Dulude, cantante y compositor con no menos bagaje y con Harry Anton (pronto sustituido por Arturo Creamer) a la batería, versionaban clásicos de Yes, Genesis y Led Zeppelin. Apreciados por un público cada vez más numeroso, empezaron a incluir en sus *sets* algún tema propio hasta que tomaron la decisión de basar todo su repertorio en material original, cantado en castellano. Así nació Frágil, en obvia referencia al clásico álbum de Yes.

Su debut con *Avenida Larco* (1980) fue un bombazo, apoyado básicamente por el single «Av. Larco», todo un éxito en su día y que tiene el honor de haber propiciado el primer videoclip en la historia del rock peruano. Mostrando a las claras sus influencias –a las citadas cabría añadir a Jethro Tull y en general casi todo el sinfonismo de los primeros setenta–, con una dinámica puesta en escena con Dulude como actor principal, los siguientes años les vieron inestables en su formación. Andrés dejó la banda en 1983, siendo sustituido por la cantante argentina Piñín Folgado, con la que grabarían el single «Nave blanca» (1984), única referencia discográfica en más de un lustro hasta la vuelta de Dulude en 1989.

Con él de nuevo al frente y con Jorge Durand reemplazando a Creamer, editan su segundo disco –*Serranio* (1990) – en el que, sin abandonar del todo sus raíces, pasan a sonar más 'noventeros', más cercanos al neoprogresivo, añadiendo eso sí pinceladas de folk andino. *Cuento Real* (1992) y *Alunado* (1995), este último con Santino de la Torre sustituyendo a un Dulude de nuevo ausente, no hacen mucho por aumentar su base de fans. Son discos interesantes, tienen cimas de notable en algunos temas, pero en conjunto no alcanzan el nivel de su debut.

Sí lo harían con un magnífico disco en directo grabado a finales de 1999, pocos meses después del regreso de Andrés, de nuevo, al seno de la banda. *Sorpresa del tiempo*, que se grabó en diciembre en el Muelle Uno en la costa de Lima pero no se editaría hasta 2003 a través del sello francés Musea Records, muestra a la banda en un estado de forma envidiable, acompañados por una orquesta filarmónica y desgranando un repertorio de lujo basado principalmente en su debut. En 2015, casi cuarenta años después de su formación, se estrenó el documental *Avenida Larco, la película*, fundamental para conocer su historia de su propia voz.

FUSIOON
De camino a Minorisa
1970
Manresa, Cataluña, España

Oriundos de Manresa, población situada al norte de Barcelona, Fusioon fueron una de las bandas más destacables dentro del marasmo del progresivo catalán en los primeros setenta. Dos músicos de nivel como Manel Camp (piano) y Santi Arisa (batería), con Jordi Camp –hermano de Manel– al bajo y Martí Brunet a la guitarra y teclados se mantuvieron como formación estable a lo largo de toda su trayectoria.

En 1970 hicieron diversos conciertos en Barcelona, siendo banda prácticamente residente en el famoso club Las Vegas de la calle Aribau, hasta que al año siguiente dan un gran paso adelante con su actuación en el Festival de Música Progresiva de Granollers.

Todo ello les lleva a un contrato con Belter y la publicación de su primer disco. *Fusioon* (1972) está compuesto por muy particulares reinterpretaciones –básicamente en clave jazz-rock y progresivo– de piezas tanto clásicas como otras provenientes del cancionero popular. Su originalidad y virtuosismo deja con la boca abierta al público de la época, que seguiría rendido a ellos con *Fusioon II* (1973). Esta vez partiendo de material propio, su segunda entrega suena más sinfónica en conjunto, los teclados ganan presencia y el grupo se revela más cohesionado y ligeramente más accesible. Un disco que causó un notable impacto y traspasó fronteras.

Tras otra exitosa aparición en el Festival Canet Rock en julio de 1975, la banda se encierra en los Estudios Kirios de Madrid para dar forma a su tercer y definitivo elepé. *Minorisa* (1975), que acabó siendo su canto del cisne, es a la vez su obra más arriesgada y personal, un alucinado, disonante e irrepetible viaje (re)estructurado en tres piezas a cual más insólita. La inicial «Ebusum» (adaptación latina de bošim, nombre que los fenicios dieron a Ibiza) es su particular visión de una isla que conocían y apreciaban. En «Minorisa Suite» todo un homenaje a su ciudad natal incluyeron, obviamente bajo su propio y particular prisma, dos temas populares que narraban el devenir histórico y social de Manresa más un tercero utilizado históricamente en las procesiones de Semana Santa mientras que Brunet y sus sintetizadores, por su parte, cerraban con «Llaves del Subconsciente» una obra tan inclasificable como genial.

El 3 de enero de 1976, Fusioon actuarían por última vez en Manresa y el 24 de febrero se despedirían definitivamente con un show en el club Helena de Barcelona, aunque Arisa y Manel Camp desarrollarían amplias y reconocidas carreras posteriores.

GALADRIEL

Persiguiendo libélulas
1986
Madrid, España

En una época y un país en el que el rock sinfónico era poco menos que una reliquia olvidada, varios amigos en bachillerato que comparten gustos musicales deciden canalizar esas inquietudes. Tras los típicos intentos en varios grupos, finalmente forman Galadriel, con unas primeras influencias más que reconocibles (Yes y Genesis básicamente, y todo lo que ello comporta).

Con Jesús Filardi al frente del proyecto, dan unos primeros pasos con *Unfolded Visions of Fire and Steel* (1986), una demo de tres temas que sería la antesala de su primer disco, *Muttered Promises from an Ageless Pond* (1986), un trabajo de clara adscripción setentera, del que el mismísimo Anthony Philips (amigo personal de Filardi) llegó a decir que le recordaba a ciertos pasajes de *Trespass* (1970). Un prometedor debut, brillante en varios momentos, que vería su continuación seis años más tarde con *Chasing the Dragonfly* (1992), un trabajo en el que la banda busca alejarse un tanto de lo facturado previamente, indagando en el neoprog (Fish y los primeros Marillion asoman la cabeza en más de una ocasión) pero sin acabar de instalarse en él, consiguiendo una atractiva, ecléctica mezcla que no obstante despistó un poco al público que esperaba más de lo mismo.

Pero un año después la banda sufre una deserción en masa, quedando Filardi sólo en sus filas. Resuelto a seguir adelante, sigue escribiendo a la vez que trata de encontrar nuevos músicos, topándose con José Bautista, un músico que sería básico para que el proyecto siguiera adelante; una especie de mano derecha con el que, junto al resto de fichajes, empiezan a ensayar y a actuar de nuevo en directo. En 1996 llegan a tocar invitados en el ProgDay, un festival anual de progresivo que se celebra en Carolina del Norte, compartiendo cartel con bandas de la talla de Cast, Deus Ex Machina o Iluvatar. Y de ahí de nuevo al estudio para concretar su tercer asalto, *Mindscapers* (1997). De nuevo distribuido por Musea, la obvia calidad del disco, de una belleza y madurez indiscutible, no evita una nueva diáspora a su término, a la que seguirá un largo periodo de silencio discográfico, roto diez años más tarde con una sorprendente nueva entrega, *Calibrated Collision Course* (2007), un golpe de timón a su sonido hasta el momento, tomando riesgos en lo disarmónico y añadiendo jazz y hasta funk en una inesperada jugada que, en cualquier caso, casa a la perfección con el carácter musical de Filardi, siempre hacia delante esquivando lo obvio.

GALLINA NEGRA
En una palabra: eclécticos
1994
Ciudad de México, México

Gallina Negra surge en la escena del rock mexicano en 1994 bajo el nombre de Similares y Conexos, de la mano de Jorge Calleja. Fundador y líder de la banda, es Calleja –licenciado en composición por la Facultad de Música de la UNAM– uno de los músicos más reputados en México no sólo al frente de su banda, sino como compositor para otros artistas internacionales.

Debutaron con *De Flora y Fauna* (1999), todavía a día de hoy uno de sus mejores trabajos, al que siguieron *Similares y Conexos* (2001) y *La Pequeña Criatura* (2003). Con este último precisamente visitaron España por primera vez, en una gira de siete fechas.

Ya por entonces se habían labrado una sólida reputación, más allá de su país, como una banda progresiva con fuertes dosis de eclecticismo. De hecho, ellos mismos se han definido en más de una ocasión como una banda que hace "música mexicana de fusión ecléctica" (*sic*), algo que queda refrendado por el amplio abanico de instrumentos que usan tanto en estudio como en directo, hermanando aquellos más tradicionales y folklóricos con los eléctricos habituales en una banda de rock.

Y esa sólida reputación les llevó asimismo no sólo a encabezar numerosos conciertos y festivales en su tierra, sino a ser invitados en eventos internacionales. Así, en el año 2000 abrieron para Banco del Mutuo Soccorso, y en el 2003 formaron parte del cartel del festival Baja Prog, junto a nombres clásicos como Focus, Ange o PFM.

En el año 2009 ve la luz su cuarta producción, el doble álbum *Parachicos y Paraviejos*, en el que sobre su habitual cóctel estilístico reflexionan sobre el ser humano en sus edades primera y última. Una nueva visita a España, en este caso en 2013 con Jorge Calleja como invitado del programa Discópolis de Radio 3, más conciertos y un nuevo trabajo en perspectiva.

Esta quinta entrega en su discografía será *Altiplano Central* (2016), un álbum basado temáticamente en la América precolombina en el que añadieron ciertos experimentos con el minimalismo de la música académica.

Bajo la batuta de Calleja sería injusto olvidar al resto de la banda: Omar López, saxofonista de conservatorio, Alberto Salas 'Cabeza', bajista sensiblemente influenciado por el funk, Carlos Pacheco, pianista y acordeonista entre el jazz y la música balcánica, Gustavo Morales, percusionista dinámico y versátil y Eduardo Velázquez, flautista que combina hábilmente el academicismo con el folklore. Una auténtica mini-orquesta progresiva en constante evolución.

LOS JAIVAS
La leyenda chilena
1971
Viña del Mar, Región de Valparaíso, Chile

Más de cincuenta años de carrera, que se dice pronto. Ese es el periodo de actividad de una de las máximas instituciones musicales chilenas, Los Jaivas.

Remontémonos a 1963, no obstante. Al 15 de agosto de 1963, concretamente. Ese día los hermanos Parra (Eduardo, Claudio y Gabriel), junto a sus amigos Guillermo Rivera, Eduardo 'Gato' Alquinta y Mario Mutis hacen su presentación oficial en directo como The High & Bass, una broma sobre la diferencia de altura entre los tres hermanos y el resto. El concierto no es un éxito precisamente y la banda se curtirá durante los años siguientes en fiestas y saraos de toda clase, interpretando básicamente bossa nova y boleros.

Pero con el cambio de década y tras castellanizar su nombre, cambian asimismo su filosofía, empezando a improvisar en directo, al tiempo que exploran y adoptan el folklore ancestral propio, así como los instrumentos del mismo. Una mezcla que será marca de fábrica durante muchos años y que se inicia con *El Volantín* (1971), disco homónimo apodado como tal, al igual que el segundo, llamado popularmente *La Ventana* (1972). El éxito es cada vez mayor, su fama crece y sus conciertos son multitudinarios. Pero el golpe de Estado de Pinochet en 1973 les fuerza al exilio en Argentina. Allí, y en colaboración con el músico brasileño Manduka, graban *Los Sueños de América* (1974), inédito hasta un lustro después, al que seguirá otro disco homónimo conocido como *El Indio* (1975), trabajo en el que se consolida de forma perfecta su particular fusión de rock progresivo, elementos tradicionales y apuntes de música clásica.

A esas alturas ya llevan a cabo giras por toda Argentina, Uruguay, Paraguay y Brasil llegando a tocar acompañados de orquestas sinfónicas. Pero la dictadura recién instaurada en el país les lleva a dar el salto a Europa.

Siempre con un fuerte espíritu comunal, se instalan en un caserón en París, base de operaciones para una serie de tours por el Viejo Continente que se cuentan por triunfos, hasta que en 1981 logran plasmar en el magistral *Alturas de Machu Picchu* su proyecto de musicalizar poemas de Pablo Neruda. Una cima en su carrera que posibilitó su retorno a Latinoamérica, con nuevas giras triunfales que sólo la muerte de Gabriel Parra en 1988 interrumpieron momentáneamente.

La banda decide seguir adelante y el resto es historia, espaciando hasta detener su producción en estudio a principios de siglo, pero continuando adelante en directo hasta el día de hoy como leyendas vivas del rock chileno.

IA & BATISTE

Un dúo brillante y singular

Barcelona, Cataluña, España
1972

La confluencia de dos talentos equiparables que muta en amistad para, a partir de ahí, crear un proyecto musical común es tan vieja como el rock. En el caso que nos ocupa, esa amistad surgió tras un show en directo de Máquina! en los estudios de Radio Barcelona en 1970. Al término del mismo, Jordi Batiste (bajista y cantante del mítico grupo) conoce a Josep Maria 'Ia' Clua, del trío folk Dos + Un y ambos congenian de inmediato, aunque no concretan colaboración alguna por el momento.

Un par de años más tarde, con Máquina! ya disueltos, el cantautor Joan Manuel Serrat anima a varios músicos locales a formar una especie de supergrupo, pero la iniciativa no llega a buen puerto, aunque a raíz de la misma, Ia y Batiste deciden constituirse en dúo y empiezan a ensayar en la casa del primero.

Con una presentación oficial en el campo de fútbol del Sants, su mezcla de folk y progresivo consigue granjearse la atención del siempre inquieto público catalán. Más aún cuando sus shows en directo se convierten en toda una experiencia. El sentido teatral y escénico de Batiste, ya demostrado en Máquina! y muy influenciado por el Living Theatre neoyorkino hace de sus directos una auténtica experiencia sensorial repleta de músicos invitados, artistas circenses y bailarines acompañando con sus evoluciones la música de la pareja.

Poco después editarían su primer larga duración con canciones en catalán e inglés, con la colaboración de invitados de postín, caso de Max Sunyer (guitarra de Iceberg) o de amigos como el compañero de Batiste en Máquina! Enric Herrera. *Un gran dia* (1972) es un disco exquisito, repleto de melodías memorables, con un cierto aire naïf muy del momento, y con una instrumentación que bascula perfectamente entre lo acústico y lo eléctrico.

Un primer paso en firme al que seguiría dos años después *Chichonera's Cat* (1975), una versión revisada y mejorada de su música –ahora ya con la totalidad de textos en catalán–, adentrándose aún más en el progresivo y con no pocas pinceladas del llamado rock layetano (corriente paralela al progresivo, nacida en la ciudad de Barcelona, con influencias del jazz-rock, la rumba y diversas músicas mediterráneas).

Ese mismo año forman parte del cartel del festival Canet Rock en su primera edición, pero poco después el dúo decide separarse en base a diferencias artísticas, poniendo de ese modo punto y final a una de las formaciones musicales más brillantes y originales del rock progresivo catalán en toda su historia.

ICEBERG
La fusión como dogma
1974
Barcelona, Cataluña, España

En 1974 el rock progresivo español ya había vivido una primera hornada de grupos, la mayoría de los cuales o se habían disuelto, o daban sus últimos coletazos. Iceberg nacieron precisamente entonces, cuando la banda de acompañamiento de Tony Ronald –cantante pop holandés afincado en Barcelona– empezó a pensar en iniciar un proyecto totalmente diferente, enfocado al rock progresivo. Los cuatro músicos –Max Sunyer (guitarra), Ángel Riba (voz, saxo y guitarra rítmica), Primitivo Sancho (bajo) y Josep Mas 'Kitflus' (teclados) – más el batería Jordi Colomer se ponen manos a la obra y tratan de fichar por EMI-Odeon, aunque la cosa no cuaja. Tras su primer concierto en L'Hospitalet de Llobregat a principios de 1975 consiguen entrar en los estudios Kirios de Madrid para grabar su primer álbum. *Tutankhamon* (1975), un disco conceptual influido tanto por Yes y King Crimson como por Santana y la Mahavishnu Orchestra llamó la atención del productor Alain Milhaud, el cual les consigue un contrato con la Compañía Fonográfica Española (CFE).

Profetas en su tierra, no eran menos apreciados en Madrid. En febrero de 1976 ofrecen un antológico show en el Alcalá Palace, con todo el taquillaje vendido y la crítica de la capital a sus pies. Así las cosas, a finales de año graban *Coses Nostres* (1976), en el que pasan del sonido sinfónico más o menos académico de *Tutankhamon* a un jazz-rock completamente instrumental, dejándose llevar por improvisaciones y haciendo de la fusión su libro de estilo. La forma de tocar de Sunyer provoca admiración allá por donde pasan y hace de *Coses Nostres* un nuevo éxito, prolongado en lo artístico con su magnífico tercer trabajo –*Sentiments* (1977)–, tal vez el mejor de su catálogo, pero que paradójicamente cosecha un menor número de ventas.

Al año siguiente encaran la grabación de un disco en directo. Grabado en diversas ciudades (Oviedo, Bilbao, Reus y Barcelona), *En Directe* (1978) no era un *live* al uso, sino que estaba compuesto enteramente por material inédito, que no habían grabado ni grabarían en estudio en un futuro.

El final estaba cerca, no obstante. Con *Arc-En-Ciel* (1979), editado casi a la vez que celebraban su último show en Salamanca, el 18 de agosto, cerraban su brillante trayectoria. El altísimo ritmo de giras y grabaciones les obligó, en cierto modo, a detener la máquina. Max y Kitflus, eso sí, volverían a encontrarse en 1981 para, junto a Rafael Escoté (Gòtic) y Santi Arisa(Fusioon) formar los no menos influyentes Pegasus.

ITOIZ

Progresivo euskaldun

1978

Mutriku y Ondarroa, País Vasco, España

La historia de Itoiz duró exactamente diez años, los que van desde la publicación de su primer disco, homónimo, en 1978, hasta su último concierto en Burdeos. Diez años de una trayectoria que puede y casi debe dividirse en dos mitades bien diferenciadas: la que va de 1978 a 1982, caracterizada por los sonidos progresivos y un tono experimental emparentado con el jazz rock, y una segunda a partir de entonces en la que abandonan casi por completo las primeras sonoridades para pasar a elaborar un pop rock melódico de clara inspiración americana.

Pero antes de todo ello tenemos que viajar hasta 1974 para encontrarnos con cinco jovenzuelos de Ondarroa y Mutriku, dos poblaciones costeras de Euskadi, que acaban de formar el grupo Indar Trabes. Típica formación de instituto, comandada por Juan Carlos Pérez (voz y guitarra) y José Garate 'Foisis' (bajo), que a falta de otra cosa se dedican a animar fiestas y verbenas locales con tonadillas populares colando, no obstante, material propio en cuanto tenían ocasión.

Un material propio –cantado siempre, como el resto de su producción, en euskera– que acabaría casi por entero en el debut del grupo, ya rebautizado como Itoiz y con Juan Carlos Pérez como compositor principal. Un disco a día de hoy mítico pero que ya en su día fue saludado como una obra fundamental. Y no era para menos. *Itoiz* (1978) es una maravilla de principio a fin, con un ojo puesto en las bandas sajonas del momento, de Jethro Tull a Camel o King Crimson y, a la vez, echando mano a la tradición vasca y su romanticismo rural y marítimo.

Tras un impasse provocado por la obligación de cumplir con el servicio militar de varios de sus miembros, Juan Carlos Pérez se sienta de nuevo ante el papel en blanco y compone casi por entero la que será su siguiente obra.

Ezekiel (1980) resultó ser un disco conceptual, con una temática lírica de claras connotaciones filosóficas y un tono marcadamente acústico, cercano al jazz en ocasiones, con coros femeninos e infantiles...una obra personalísima, arriesgada y brillante, a la que siguió dos años después el disco que cerraría su trilogía progresiva: *Alkolea* (1982), más eléctrico pero igual de inspirado que los anteriores.

A partir de ahí y con la incorporación a las seis cuerdas de Jean Mari Ecay (Itoiz nunca tuvo un guitarrista fijo), la banda rompe amarras con el progresivo y tuerce su rumbo hacia ese mencionado pop rock melódico con el que –tras tres discos más– cosecharía tanto o más éxito que el logrado hasta entonces.

KOTEBEL
Clásicamente modernos
1999
Madrid, España

Carlos Plaza, compositor y pianista venezolano afincado en Madrid pasó buena parte de los noventa escribiendo música de cámara, fuertemente influenciada por la música impresionista así como por los grandes genios del siglo XX (Ginastera, Stravinsky, Rachmaninov…), hasta que en 1999 decidió –en principio como un proyecto sólo de estudio– enriquecer su lenguaje musical con el rock y el jazz, entre otros estilos.

Bajo esa premisa editó tres discos: *Structures* (2000), *Mysticae Visiones* (2002) y *Fragments of Light* (2003), con la participación de excelentes intérpretes pero sin un formato de banda como tal. Pero en 2004, al recibir una invitación para actuar en el BajaProg, decide reunir un elenco de músicos (alguno nuevo, otros que ya habían participado en los tres primeros discos) para ofrecer una serie de conciertos que terminarían con la actuación en el citado festival. Contento con la experiencia, Plaza compone su siguiente trabajo teniendo en mente a la banda y a la traslación de la nueva música al formato de directo. *Omphalos* (2006), con su combinación de lirismo y agresividad, llevada en volandas por la interacción entre todos los componentes de la banda (el mismo septeto creado en inicio) obtuvo una más que favorable respuesta de la comunidad sinfónica.

Las bajas de Omar Acosta (flautas) y la cantante Carolina Prieto dejarán a Kotebel con una formación estable de quinteto, con Carlos y su hija Adriana a los teclados, Jaime Pascual a las cuatro cuerdas, Cesar García Forero como guitarrista y a los tambores Carlos Franco. Así se enfrentarán a su siguiente álbum, *Ouroboros* (2009), análogo en méritos y recibimiento al anterior, pese al ligero cambio de formación.

Convencido de que aún quedan muchas cosas por hacer en la fusión entre rock y música clásica, su siguiente –y por el momento último– movimiento fue *Concerto for Piano and Electric Ensemble* (2012), un excelente trabajo en el que no sólo profundizan en su particular sonido, sino que incorporan las secciones de piano de forma magistral, con una naturalidad y una fluidez asombrosas.

La música de Kotebel, en la que se mezcla la herencia de los grandes nombres del progresivo más virtuoso (Genesis, The Enid, Gentle Giant, King Crimson) con el de genios clásicos (Ravel, Debussy, Chopin) sin renunciar al jazz y la World Music ofrece a día de hoy una de las propuestas más interesantes en cuanto a rock sinfónico de vanguardia, con un amplio y prometedor futuro ante ellos.

LÜGER

Indefinibles por definición

2008

Madrid, España

Kraut, rock espacial, psicodelia...la propuesta de Lüger no era fácil de encasillar, y tampoco tiene por qué. Si algo tenían claro al juntarse sus componentes, eso sí, es que no querían que sonara a lo que hacían ya cada uno en sus respectivos grupos (3 Delicias, Jet Lag, Los Imposibles, The Awesome J'Haybers), sino buscar algo más experimental y con mayor libertad más allá de los canónicos tres minutos de la canción pop. "La idea de una base rítmica minimalista, repetitiva, los loops... un sonido a base de capas y de experimentar. Poca floritura y que suene como un disparo: Contundente", así lo definía su batería al poco de iniciarse la andadura de la banda. Y a fe que lo lograron, solidificando un magma progresivo en desarrollos instrumentales, ritmos y melodías que suenan clásicos y a la vez rabiosamente modernos.

Concibiendo el directo como la mejor manera de grabar, Diego Veiga (voz y guitarra), Daniel Fernández (bajo), Raúl Gómez (batería, samplers), Mario Zamora (teclados) y Fernando Rujas (percusión) se presentan en los estudios de Paco Loco para, en menos de dos días, dejar listo su primer disco, con un par de retoques mínimos a posteriori. *Lüger* (2010) lo componen siete temas que rozan la perfección, con ecos de Neu!, Can, Hawkwind o incluso The Brian Jonestown Massacre. El disco se editaría sólo en vinilo, formato que defienden a muerte, aunque también incluyeron la posibilidad de descarga digital gratuita para no restringir demasiado al público potencial.

Muy bien recibido en general –la revista Ruta 66 lo seleccionó en su último número de 2010 como el mejor álbum nacional– al cabo de nada Diego dejó la banda siendo sustituido por Edu García, pasando Dani, el bajista, a la voz principal.

Se suceden los conciertos, compartiendo cartel con colegas patrios o teloneando a bandas extranjeras, hasta que a final de año vuelven al estudio. El resultado, *Concrete Light* (2011), no cambia esencialmente lo propuesto hasta entonces. Antes de lanzarse el disco, en marzo, son invitados al festival SXSW en Austin (Texas), circunstancia que aprovechan para organizar una atípica gira en la que tocarán en todo tipo de lugares (boleras vintage, galerías de arte, tiendas de discos...), en una experiencia que reconocieron inolvidable.

De vuelta a España, presentarán su segundo trabajo en el festival celebrado en el antiguo matadero de Madrid, ofreciéndose en directo hasta finales de 2012, momento en que cesan toda actividad hasta la fecha.

MÁQUINA!
1969
Barcelona, Cataluña, España

Provenientes del Grup de Folk –una asociación de músicos dedicados principalmente a recuperar canciones populares catalanas–, Jordi Batiste y Enric Herrera deciden en 1969 pasarse al rock formando un trío junto al batería Santiago García 'Jackie', que pronto se vería convertido en cuarteto con la incorporación de 'Luigi' Cabanach a la guitarra. Bajo los auspicios del sello Als 4 Vents, editan un primer single «Lands of Perfection/Let's Get Smashed» antes de sustituir a Jackie por Josep Maria Vilaseca 'Tapioles', con lo que quedaría formado el núcleo más conocido de la banda.

Tras un segundo single, su nombre empieza a correr de boca en boca, convirtiéndose en uno de los grupos de moda del momento, una fama que alcanzaría su punto álgido a principios de 1970 con su concierto en el Salón Iris de Barcelona.

Dos meses después, no obstante, a Batiste se le reclama para cumplir el servicio militar y para cubrir su baja llaman al veterano guitarrista Josep Maria París, pasando Luigi a encargarse del bajo y la voz. Pero antes de marchar Jordi, el grupo –ahora convertido provisionalmente en quinteto– daría forma a su primer elepé grabando el tema «Why? », una brillante improvisación de veinticinco minutos sobre el armazón inicial de una canción de sólo tres, dividida en dos partes en sendas caras del vinilo original (más otros dos temas abriendo y cerrando las mismas). *Why* (1970), el álbum, con su mezcla de veloces, alocados solos de Hammond y guitarras sobrecargadas de fuzz y wah-wah aún sorprende, a día de hoy, por su frescura y atrevimiento.

Apadrinados por Oriol Regàs, presentan el disco en su famosa discoteca Bocaccio. Durante el verano, Regàs les abriría asimismo las puertas de su discoteca Maddox en Platja d'Aro, contando en una de sus actuaciones con la presencia entre el público de Salvador Dalí, que alabaría tanto la calidad musical del grupo como la propia portada de *Why*, obra de Batiste, con esa icónica imagen del reloj de bolsillo incrustado en un *croissant*.

A finales de año, el grupo empieza a disolverse. La llamada a filas de Herrera y poco más tarde la de Luigi, combinadas con el creciente protagonismo de París, que iba poco a poco orientando el sonido del grupo hacia el funk, el blues y el jazz rock, convirtieron en demasiado errática y dispersa su trayectoria, con músicos entrando y saliendo cada poco, hasta que finalmente, y tras un segundo disco –*En Directo* (1972)–, Máquina! desaparece como tal.

LA MÁQUINA DE HACER PÁJAROS

Los Yes del subdesarrollo

1975

Buenos Aires, Argentina

Cuando en 1975 Sui Generis se disolvió, Charly García –una de sus dos mitades– empezó a reclutar músicos para un nuevo proyecto que pretendía más progresivo que sus anteriores aventuras. Contactó con el ex batería de Los Gatos y de Color Humano, Oscar Moro, y convenció al bajista de Crucis, José Luis Fernández, de unirse a la banda. Tras un primer bolo como trío en la ciudad de Córdoba, conocen a un fan, Gustavo Bazterrica, que resulta ser también guitarrista y que se convierte en el cuarto miembro de La Máquina, como se les conocería en un futuro. Ofrecen unos primeros shows en la capital, hasta que Charly se da cuenta de que lo que tiene en mente necesita un músico más; otro teclista como él, más concretamente. Lo encuentra en la figura de Carlos Cutaia, ex Pescado Rabioso y, con material más que suficiente para grabar un disco, entran en el estudio en junio de 1976 para salir, al final del verano, con un primer trabajo homónimo.

Por aquel entonces existía una tira cómica titulada García y La Máquina de Hacer Pájaros. De ahí adoptaron su nombre y para su primer disco consiguieron que Crist, el autor de esa tira, les hiciera una historieta para la portada.

Musicalmente el disco no tiene desperdicio: un sonido denso y saturado de arreglos, con abundancia de líneas sinfónicas y cambios de ritmo, abundantes guitarras acústicas y eléctricas y, por encima de todo, la interacción entre los dos teclados. En noviembre hacen su presentación oficial en el Teatro Astral, con la crítica y el público ansiosos –y más tarde rendidos– por ver al nuevo grupo de Charly García.

Moviéndose con pies de plomo debido al reciente golpe militar de Videla y el clima de miedo e inseguridad en el país, La Máquina inaugura 1977 con una serie de conciertos por el interior del país, ganando cada vez más adeptos, al tiempo que García planifica su siguiente paso. *Películas* (1977), grabado en los estudios ION a finales de año, mantiene el sinfonismo marca de la casa añadiendo diversas especies para dar una mayor variedad al guiso, logrando como resultado otro magnífico trabajo imbuido de metáforas y dobles sentidos sobre el terrible momento que vivía el país.

Poco más duraría La Máquina. Charly, cansado de ser el líder a su pesar, y las tiranteces entre él y diversos miembros de la banda aceleraron el fin de "los Yes del subdesarrollo" (García *dixit*), no sin antes ofrecer un último y antológico show el día 11 de noviembre de 1977 en el mítico Luna Park de Buenos Aires.

MÓDULOS
Encaje perfecto
1969
Madrid, España

La historia de Módulos empieza con Pepe Robles, músico de fuste con experiencia desde muy joven. El año 1967 entra en la banda Los Ángeles para cubrir temporalmente una baja, pero su buen hacer con ellos hace que Rafael Trabuchelli, productor y hombre fuerte de Hispavox le proponga un disco en solitario. Robles acepta pero sugiere un trabajo como grupo. El productor apuesta con fuerza por el proyecto y le ofrece incluso un local de ensayo en el mismo edificio de Hispavox. De ese modo Robles reclutaría a Tomás Bohórquez (teclados), Emilio Bueno (bajo) y Juan Antonio García Reyzabal (batería) para, junto con él a la guitarra y la voz, dar forma a Módulos.

Ensayan religiosamente día tras día, y tras un primer sencillo «Ya no me quieres / Recuerdos» (1969), la compañía les ofrece un contrato por cuatro discos. Un segundo single –«Nada me importa / Todo tiene su fin»– aparece

en diciembre y se convierte en un éxito de ventas. Un éxito que trajo apare-
jadas fuertes desavenencias entre Robles y Reyzabal en cuanto a la autoría
de «Todo tiene su fin». A partir de ese momento ambos mantendrían una
relación estrictamente profesional.

Aprovechando el momento se edita su primer elepé, *Realidad* (1970), un
trabajo apoyado en el sonido del hammond de Bohórquez y una perfecta
fusión entre sensibilidad pop y estructuras progresivas con notables cambios
de ritmo. Su continuación –*Variaciones* (1971) – ahonda en la dirección del
debut hasta que con su tercer trabajo, *Plenitud* (1972) se muestran ya abiertamente sinfónicos, alargando los temas y saturándolos de moogs y mellotrones, fijando la mirada en Yes y King Crimson. Una evolución que no agrada
demasiado a Trabuchelli.

Tras un año parados, debido principalmente a un serio accidente de co-
che de Robles, la banda regresa con *4* (1974). Presionados por Hispavox, la
banda busca infructuosamente una comercialidad que revierte en un disco
fallido e insustancial; las discusiones entre el productor y la banda arrecian.
Entre 1975 y 1976 publicarán sendos sencillos, cuyas letras –de cierto contenido social en un momento político delicado– incomodan a la compañía,
que no los promociona adecuadamente. A finales de año Hispavox se los
saca de encima. Ya por libre, publicarán un excelente trabajo homónimo en
1978, incomprendido en su momento, y darán por finalizada su aventura al
año siguiente.

Una reunión en el año 2000 dejó un nuevo disco y una serie de actuaciones para satisfacer la nostalgia de sus fans más veteranos.

NEXUS

Lentos pero seguros

1975

Buenos Aires, Argentina

El caso de Nexus tiene ciertas concomitancias con el de los mexicanos Cast en cuanto que existe un enorme lapso de tiempo entre su formación y su debut discográfico. A mediados de los setenta un joven llamado Lalo Huber, fascinado por el rock de E,L&P, consigue que un tío suyo le compre un Farfisa Matador. Poco después, en el primer año de secundaria, conoce a Carlos Lucena, un guitarrista con el que congenia de inmediato. Ambos empiezan a ensayar juntos, decidiendo el nombre del grupo tras escuchar el álbum *Nexus* (1974), de Rod Argent. Lalo se erige en compositor principal y de este modo la banda, durante más de dos décadas, se dedica a ensayar y tocar en directo, llegando incluso a aparecer en programas de televisión en los ochenta, pero sin pensar en –de algún modo– formalizar su estatus.

El primer punto de inflexión vino a a principios de los noventa, cuando se incorpora a la banda Mariela González como vocalista (hasta entonces las voces se las repartían Carlos y Lalo). A mitad de década darían el paso definitivo al renovar su repertorio con temas más elaborados, lo que les llevó a querer, por fin, plasmarlos en disco.

Financiado por ellos mismos, con Luis Nakamura (batería) y Daniel Ianniruberto (bajo) Nexus hacía su debut con *Detrás del umbral* (1999). Manteniendo un pie en la era dorada del progresivo y el otro en el neoprog de los ochenta, el rock sinfónico que habían ido cocinando durante años se muestra en este disco en plena madurez. Distribuido por Record Runner, no tarda en conseguirles seguidores en otras latitudes (Europa, principalmente) lo cual les proporciona un empujón cualitativo incalculable: pasan a tocar en festivales progresivos de todo el planeta, abren en Argentina para primeras espadas del calibre de Pendragon, Flower Kings o IQ y siguen saboreando las mieles del éxito con *Metanoia* (2001).

Pero la crisis económica de 2001 en Argentina les toca directamente. Al año siguiente editan el directo *Live at Nearfest 2000* (2002) y dejan pasar cuatro años hasta *Perpetuum Karma* (2006), un tercer trabajo –ya sin Mariela– no tan bien recibido como los anteriores. Carlos y Lalo se involucran entonces en sus discos en solitario, aparcando momentáneamente a la banda; un nuevo silencio discográfico para Nexus que se rompe en 2012 con la publicación casi simultánea de *Aire* y *Magna Fabulis*.

Fieles a su filosofía de ir lento pero seguro, pasarán otros cinco años hasta la publicación de *En el comienzo del Topos Uranos* (2017), un magnífico trabajo que les reafirma como una de las mejores bandas del progresivo latinoamericano actual.

OCTOBER EQUUS
Lo insólito y lo impredecible
2003
Toledo, España

En el momento en que October Equus vio la luz, sus componentes llevaban ya casi diez años en distintas bandas. De hecho Angel Ontalva, guitarra y cabeza visible del caballo, junto a Víctor Rodríguez (teclados) y Amanda Pazos (bajo) formaban parte de la Transarabian Connection, un combo que fusionaba rock progresivo con música norteafricana junto a músicos marroquíes y argelinos. Un gusto por la World Music que formaría parte del conjunto de influencias detectables en October Equus, que incluyen jazz-rock, vanguardia, sonido Canterbury, RIO y hasta Zeuhl sobre un andamiaje instrumental único y sorprendente, con tensiones y destensiones constantes.

Los tres, junto a Txema Fernández como batería, debutarían en 2006 con un álbum homónimo, al que seguiría *Charybdis* (2008), con José Varela sustituyendo a Fernández. Buscando nuevos caminos en cada nuevo trabajo, para *Saturnal* (2011) la banda se expande hasta septeto, con nuevo cambio de batería (Vasco Trilla) y la adición de Pablo Ortega al cello, más dos saxos en la figura de Alfonso Muñoz y Francisco Mangas, aunque este último ya había participado en las sesiones de *Charybdis*. Un disco complejo, a ratos oscuro y hasta inquietante, que requiere de una predisposición y un esfuerzo por parte del oyente para descubrir y apreciar las recompensas que contiene, que llegó a ser comparado con *Starless and Bible Black* (1974) de King Crimson, combinado con la densidad estructural de Henry Cow (de los que Ontalva se ha declarado fan repetidas veces).

Tras la experiencia volverían a la formación de cuarteto presentando ocho nuevas composiciones instrumentales en una línea más cercana al rock, siempre dentro de lo insólito de su sonido. *Permafrost* (2013), parcialmente financiado por *crowdfunding*, nacería además publicado en su propio y recién estrenado sello OctoberXart, como segunda referencia tras el disco en solitario de Ontalva, *Mundo Flotante* (2012).

Por primera vez sin Víctor Rodríguez, no sólo músico sino compositor importantísimo en el sonido de la banda bien por su cuenta o a medias con Ontalva, *Isla Purgatorio* (2013) –editado bajo el nombre de October Equus Quartet– se revela tal vez su disco más improvisado, más cercano al jazz que al progresivo.

Ente musical en constante evolución/transformación, la panorámica que ofrecen sus últimas grabaciones en directo –*Live At R.I.O. Festival 2014* (2015), *Live at Gouveia Art Rock Festival 2009* (2015) – ayudan a completar un puzzle tan complicado como estimulante.

PAN & REGALIZ

Míticos

1971
Barcelona, Cataluña, España

Bautizados en un principio como Agua de Regaliz, y provenientes del barce-
lonés barrio de Gracia, cuatro chavales aún por debajo de la mayoría de edad
(por aquel entonces fijada en los veintiún años) que habían empezado ya en
1967 como Els Mussols deciden en 1970 electrificar su sonido y grabar un
primer single bajo el auspicio de Diávolo, subsidiario del mítico sello catalán
Als 4 Vents.

Esa primera formación compuesta por Guillem París (voz y flauta), Alfons
Bou (guitarra), Artur Domingo (bajo) y Santiago García 'Jackie' (batería) se
mueve por el aún reducido pero muy activo circuito en directo de la ciudad,
hasta que en 1971 les surge la oportunidad de tocar en el Festival de Música
Progresiva de Granollers. El buen sabor de boca que deja su actuación allí
hace que el sello Ekipo / Dimension, discográfica que tiene en cartera a lo
más granado de la música progresiva española del momento, les ofrezca un
contrato. Aún vinculados contractualmente a Als 4 Vents, consiguen –tras
no pocos problemas legales– fichar por Ekipo obligados, eso sí, a cambiarse
el nombre.

Ya como Pan & Regaliz, y con Pedro van Eeckout como nuevo batería,
entran en los estudios Gema de la Ciudad Condal para grabar su primer –y

a la postre único– elepé. *Pan & Regaliz* (1971) confirmaría el talento de los cuatro jóvenes para, a partir de unas influencias básicas y más que reconocibles –con Jethro Tull y Traffic a la cabeza-, sacar adelante un repertorio propio que, una vez finalizada la grabación, dejó patente que poco tenía que envidiar a similares producciones sajonas.

Imbuido de progresivo y psicodelia a partes iguales, sin renunciar a toques jazzísticos y la personal modulación vocal y la flauta de París como punta de lanza, el álbum apenas tiene un segundo de desperdicio. Desde la inicial «One More Day» hasta el viaje de nueve minutos de « Today It Is Raining», pasando por « Waiting in the Monsters Garden» (con París metido de lleno en la piel de Jim Morrison) y con alguna fuga de lo más sorpresivo –esa «A Song for the Friends», puro número de *music-hall*–, absolutamente todo en este disco está en su sitio.

Por desgracia la vida del grupo no iría mucho más allá de este icónico trabajo. Tras la marcha, a finales de 1971, de Domingo y Van Eeckout, París y Bou tratan de seguir adelante durante unos meses pero finalmente abandonan. Guillem París disuelve oficialmente el grupo en 1973, grabando por su parte un disco en solitario que nunca fue editado.

PSIGLO
Con P de progresivo
1971
Montevideo, Uruguay

Cuenta la leyenda que Psiglo escogieron su nombre en una pizzería de Montevideo, cuando César Rechac escribió en una servilleta la palabra 'siglo', a la que Jorge García Banegas le antepuso esa P de inconfundible sabor psicodélico.

La primera formación incluiría, además de César (bajo) y Banegas (teclados), a Luis Cesio (guitarra), Carmelo Albano (batería) y Julio Dallier como cantante. Un año tardaron apenas en publicar su primer single, con un formato un tanto inusual; en unos tiempos en que un siete pulgadas no debía exceder de los clásicos tres minutos si quería aparecer en la radio, «Gente sin Camino»pasaba de los seis. En cambio la cara B, con «En un lugar un niño» sí obtuvo amplia difusión, con la ayuda además de los carteles con los

que el propio grupo empapeló la principal avenida de la ciudad y que reza-
ban: "Los que aún no han comprado el Primer simple de Psiglo están para
el Psiquiatra".

Las ventas se disparan. En agosto dan un multitudinario concierto en el
Teatro Solís y en diciembre se edita su segundo single («No pregunten por
qué / Vuela a mi galaxia», que llega a ser disco de oro, al igual que lo será su
primer elepé. *Ideación* (1973), ya con Ruben Melogno sustituyendo a Dallier
y con Gonzalo Farrugia en la batería, es un disco entre el hard y el prog,
saturado de hammond y con algunos metales y arreglos de cuerdas esporádicos; como unos Uniah Heep cantando en castellano, podríamos decir.

Pero la situación del país, con la sobrevenida dictadura cívico-militar en
junio de ese año, iba a cambiar su trayectoria. Siendo como eran una banda
de fuertes convicciones, al surgir la oportunidad, al año siguiente, de grabar
el segundo disco en Argentina, la banda deja el país y se instala en Buenos
Aires. Allí se gestará y grabará *Psiglo II* (1974), un disco sensiblemente más
progresivo que su debut, con espectaculares teclados y guitarras, constantes
cambios de tempo y múltiples tics prog/psych, en el que se adivinan notas de
jazz y clásica. El disco por desgracia quedaría inédito hasta 1981, cuando la
banda ya se había desintegrado.

En 1975 Farrugia se uniría a los argentinos Crucis, mientras que el resto
del grupo emigraría a España. Una vez en Madrid García Banegas se enro-
laría en Asfalto en 1978, mientras que en 1980 Hermes Calabria, batería de
la última formación de Psiglo, entraría como batería en Barón Rojo.

Psiglo editarían un –intrascendente– tercer disco, Psiglo III - Siglo Ibé-
rico, en 1991.

RIVENDEL

Regreso a la ciudad de los elfos

1985

San Sebastián, Euskadi, España

Las bandas de neo progresivo en el Estado siempre se movieron a un nivel un tanto underground, no tanto por la calidad de su propuesta como por el tibio interés del público de la época, más acostumbrado a lanzar el radar a lo lejos que a escarbar en jardín propio. De entre las bandas que en los ochenta y primeros noventa se atrevieron, Rivendel destaca por su originalidad y su atrevimiento.

Oriundos de Donosti, su primera referencia fuera del ámbito local hay que buscarla en aquella serie de discos –ahora de culto– llamados Exposure, iniciativa de Ronnie Larkins (de la revista homónima) y de un Steven Wilson casi imberbe, que daban cuenta de la escena progresiva europea del momento. En su tercer volumen, Exposure 88, aparecía «Jardín secreto», primera grabación oficial de la banda integrada por Toño Cruz (guitarra y voz), Oscar Belío (teclados), Jose Mari Aguirrezabala (bajo, vientos) y Mikel Torés Valverde (batería).

Dos años después debutan en larga duración con *Manifesto* (1990), un trabajo rico en guitarras y teclados, de *tempo* pausado pero atmósferas más que logradas y que, sin ser del todo redondo, revelaba a una banda joven con las cosas muy claras y ganas de decirlas.

Y aunque se tomaron su tiempo tras este primer asalto, finalmente fichan por el exquisito sello francés Musea para su segundo álbum, *The Meaning* (1996), uno de los discos más inspirados, originales e injustamente infravalorados (cuando no directamente olvidados) del rock progresivo en este país. Con Juancar Pérez sustituyendo a Mikel, *The Meaning* muestra tres vertientes distintas en la banda: una primera *suite* («La Telaraña») de tono más delicado y acústico, con el precioso aporte vocal, en castellano, de Ana Loreto. Una segunda homónima, la más extensa, con un océano de teclados, guitarras y vientos dividido en doce movimientos, y la última, «L'Art Brut», más experimental que el resto pero igual de sobresaliente. Un segundo paso que parecía abrirles un esperanzador horizonte pero que quedó ahí, pues la historia de Rivendel se cerró poco después.

Hasta que en 2009 surge la noticia: Toño, Josemari y Oscar se reúnen y preparan nuevo material. El resultado se llamará *DHD* (2012), una obra que parece beber de docenas de fuentes distintas para destilar una música progresiva libérrima y vanguardista, ajena a cualquier tipo de ataduras estilísticas, que mira tanto al pasado como al futuro y que podría suponer el punto de partida a una nueva etapa para la banda guipuzcoana.

RODRIGO SAN MARTÍN
Presente y futuro
14 de Agosto de 1988
Buenos Aires, Argentina

La capacidad de trabajo y de creación de Rodrigo San Martín es sorprendente. Compositor, productor y multiinstrumentista, este bonaerense nacido en 1988 creció escuchando el rock alternativo de los noventa; con once añitos ya tocaba la guitarra, con un punto de inflexión al año siguiente, tal y como él mismo recordaba en una entrevista tras su primer disco: "Tenía doce años y mi papá me llamó y dijo 'escucha esto', y puso «Shine on You Crazy Diamond». En ese preciso instante todo cambió para mí". A los quince años había conseguido ya formar su primera banda estable, Artificio, con la que llegó a tocar al lado de figuras del rock argentino como Charly García y Luis Alberto Spinetta.

Su estreno discográfico fue un trabajo que sentaría las bases de su sonido en el futuro. Escuetamente titulado *1* (2010), y compuesto por tan sólo una pieza de 39 minutos, con Rodrigo encargándose de todos los instrumentos, es un debut prometedor en el que convive el progresivo setentero –Fripp y Gilmour a la cabeza– junto a melodías orquestales, ramalazos de hard rock e influencias del prog actual, especialmente de Porcupine Tree. Con sus tres siguientes trabajos –*There's No Way Out* (2010), *Eyes* (2012) y *A Lullaby for Mankind* (2014) – iría cediendo instrumentos a otros músicos, añadiendo partes vocales (la artista Jelena Perisic se convertiría en cantante habitual) y afianzándose en su estilo.

En marzo de 2016 iniciaría su proyecto más ambicioso hasta la fecha: una ópera rock titulada *The Veil is Broken*, dividida en cuatro partes (disponible cada una de ellas a través de su *bandcamp*) y que editaría cada pocos meses hasta culminarla en tan sólo un año. Los cuatros discos –*Childhood, Adolescence, Coming of Age* y *Decay*– narran la historia de un músico progresivo y su caída en el lado oscuro, vendiéndose al negocio. Musicalmente ecléctica, en ella se vuelcan temas neo-sinfónicos, metal progresivo, baladas acústicas y un largo etcétera de estilos, confirmando el excelente estado de forma del músico.

Inquieto e hiperactivo, San Martin compagina sus discos con tareas de productor, es guitarrista y principal compositor de los grupos De Rien y Vanished From Earth, responsable –junto a Juan Manuel Torres– del proyecto Souls Ignite y, por si todo ello fuera poco, es el organizador del Close to the Edge Buenos Aires Prog Fest.

Un músico con gran talento que representa en buena medida tanto el aquí y ahora del rock progresivo sudamericano como su futuro más inmediato.

SIGLO CERO

En directo, siempre en directo

1969

Bogotá, Colombia

La efímera existencia de Siglo Cero, con apenas dos años de existencia, es inversamente proporcional a la importancia e influencia que tuvieron en el rock progresivo no sólo colombiano, sino latinoamericano en general.

Su historia empieza con la disolución de los Speakers, cuando dos de sus miembros –el bajista Humberto Monroy y el batería italiano Roberto Fiorilli– contactan con los ex The Young Beats Fernando Córdoba y Ferdy Fernández (este último también ex Flippers) para ocuparse de las guitarras en la nueva banda que tenían en mente.

Debutan en el teatro La Comedia y muy pronto su forma de enfocar el directo les convierte en un punto y aparte. Sobre las tablas su técnica se basaba en estructurar un tema desarrollando un bloque armónico en lo rítmico, sobre el cual cada músico iba por libre. Rock con estructura de jazz, así de claro. De este modo no había dos conciertos con el mismo repertorio, al igual que no había conciertos con más de tres o cuatro temas, cuando no tan sólo un par de ellos, de más de media hora cada uno.

Al cabo de unos meses Ferdy y Fernando abandonan la banda y son sustituidos por los guitarristas Jaime Rodriguez y Manuel Galindo, al tiempo que reclutan al saxofonista Mario Renee y al percusionista Edgar Restrepo Caro.

Ésta fue la formación que actuaría en el famoso Festival de la Vida en junio de 1970, celebrado en el Parque Nacional de Bogotá; un show que se grabó con el estudio móvil de Ingeson, aunque por problemas técnicos el material nunca pudo ser utilizado.

El grupo decidió pues grabar un disco en estudio pero como si de un concierto se tratase, todo en directo y sin regrabar ni retocar una sola nota. Tan sólo se añadió cierto ruido de audiencia tomado precisamente del Festival de la Vida. El elepé, titulado *Latinoamérica* (1970) consta de dos temas («Viaje 1» y «Viaje 2»), uno por cara, que no esconden para nada la vena jazzística de la banda y su gusto por la improvisación. Como curiosidad, anotar que Federico Taborda 'Sibius', conocido poeta y compositor underground (al poco formaría parte de Génesis) les escribió un poema para la contraportada del álbum.Siglo Cero no fue mucho más allá. En una coyuntura aún poco propicia, la banda se separa, según relataba Fiorilli en una entrevista, "por falta de oxígeno". No obstante tanto él, creando La Columna de Fuego como Monroy con Génesis siguieron siendo piezas fundamentales en el devenir del rock colombiano.

SMASH
Abriendo camino
1968
Sevilla, España

A finales de los sesenta, Gualberto García ya tenía currículum. Ex miembro de Los Murciélagos y Los Nuevos Tiempos, una noche de 1967 contactó con Gonzalo García-Pelayo, dueño del club sevillano Don Gonzalo, el cual le ofrece los instrumentos de una banda recién extinta, los Gong, a cambio de que forme un nuevo grupo. Gualberto acepta y llama a Julio Matito y Antonio Rodríguez, que tocaban en Foreign Daft, para que se encarguen del bajo (y la voz) y de la batería respectivamente.

Debutan en el Teatro San Fernando y se foguean en otras salas y clubs antes de que Gualberto viaje a Estados Unidos. Allí toma contacto con la contracultura y descubre el sitar, instrumento que introduciría más tarde en Smash. A su regreso y con la incorporación del danés Henrik Liebgott, de Los Solos, como segundo guitarrista y violinista, quedaba conformada la primera alineación de Smash.

Tras dos singles de escasa repercusión en el sello Diábolo fichan por Philips. Otros dos sencillos más –recopilados en un EP distribuido por el Círcu-
lo de Lectores– son la antesala de su primer elepé. *Glorieta de los Lotos* (1970)
es un estupendo disco de rock sustentado en el blues, el folk y la psicodelia,
que destila cierta experimentación y vanguardismo pero que está muy lejos
de reflejar las improvisaciones y el caos por los que son conocidos en directo.

A finales de año el conocido promotor Oriol Regás les ofrece nuevo equipo instrumental, una casa en la Costa Brava como base de operaciones y un
suculento adelanto. Pero aún atados contractualmente a Philips, la banda
se apresura en sacar un segundo disco –*We Come to Smash this Time* (1971)–
en el que abandonan un tanto el sonido blues para mostrarse mucho más
progresivos –buena muestra son los diez crudos minutos de «Fail Safe»– y
empiezan a experimentar con el flamenco, con Juan Peña 'El Lebrijano'
como cantaor invitado. Esa tendencia se incrementaría con la entrada en el
grupo del guitarrista flamenco Manuel Molina, a propuesta del mánager de
la banda.

Ya en Barcelona y bajo el manto de Regás, trabajan con el reconocido
productor Alain Milhaud en una serie de temas de los que saldría el 7" «El
Garrotín / Tangos de Ketama», en el que la fusión de rock y flamenco resulta patente. Pese al éxito del single, Gualberto se muestra descontento
y abandona el grupo. Sin él al frente, editarían otro siete pulgadas –«Ni
recuerdo, ni olvido»– en 1972, pero con el abandono también de Matito,
Smash deciden no seguir adelante.

TRIANA
El duende meridional
1974
Sevilla, España

Jesús de la Rosa y Eduardo Rodríguez coincidieron a principios de los setenta en el grupo Tabaca, una formación en la que no terminarían de encontrar su lugar, forzados por su sello a tratar de lograr un *hit* que nunca llegó. Tras su disolución, ambos deciden empezar de nuevo bajo el nombre de Triana, contando con los servicios de Juan José Palacios 'Tele'.

Los tres juntos, casi sin proponérselo ("Nosotros mismos nos sorprendíamos con lo que estábamos haciendo", llegó a declarar Eduardo), sentaron las bases de lo que más tarde sería conocido como rock andaluz, mezclando la música flamenca que todos ellos llevaban en la sangre con el rock progresivo anglosajón que les había llegado, principalmente, a través de las bases militares americanas de Morón y Rota. Un sonido inconfundible basado en los fraseos y melismas aflamencados de Jesús (chocando con sus teclados sinfónicos,) la guitarra igualmente flamenca de Eduardo y el compás por bulerías en los tambores de Tele.

Pero lo novedoso, casi inaudito, de su propuesta no genera mucho entusiasmo en las grandes compañías, y será el pequeño sello Gong el que se atreva con su primer elepé. Titulado como el grupo pero conocido como *El patio* (1974), su debut es una obra maestra indiscutible, la perfecta fusión entre rock progresivo y tradición flamenca, por desgracia no del todo comprendida en su momento. Son sus actuaciones, de hecho, las que poco a poco les van granjeando seguidores y llegado el momento del segundo disco –el igualmente magnífico *Hijos del agobio* (1977) – su nombre es ya un clásico en los circuitos más *underground*.

Será al año siguiente, de la mano de *Sombra y Luz* y de una gira conjunta con Miguel Ríos cuando la banda, por fin debidamente promocionada, salte a primera fila, consiguiendo un éxito más que merecido. Pero tras el concierto más multitudinario de su carrera, el celebrado en el Parque de Atracciones de Madrid el 30 de septiembre, la trayectoria de Triana empieza su curva descendente. En su siguiente trabajo –*Un Encuentro* (1980) –, aunque aún muy digno, se empieza a detectar un cierto cansancio, que desembocará en *Triana* (1981) y *Llegó el día* (1983), dos discos ya directamente prescindibles.

En octubre de 1983 de la Rosa moriría en un accidente de tráfico, y con él la banda. Tele trató de dar una segunda vida al grupo a finales de los noventa, pero los dos discos que editaron no recuperaron la magia perdida. La muerte del batería en 2002 cerró ahora sí definitivamente su historia.

40 ÁLBUMES EN DIRECTO FUNDAMENTALES

Si el rock progresivo llevó el trabajo en estudio a niveles de perfección técnica inéditos hasta ese momento, produciendo una serie de discos magistrales, no es menos cierto que era sobre el escenario donde las grandes bandas daban lo mejor de sí mismas. Con la libertad inherente al directo, los músicos dejaban fluir su inspiración y sus ansias de improvisación.

Por suerte para nosotros, los aficionados, algunos de aquellos shows fueron grabados para la posteridad. Documentos sonoros de un valor incalculable y perfecto complemento, muchas veces, a una discografía intachable. Aquí van cuarenta de ellos, todos imprescindibles para conocer más en profundidad a los grandes artistas del género.

THE NICE

Five Bridges (Charisma/Philips, 1970)

Fairfield Halls, Croydon, Londres, 17 de octubre de 1969.

Excepto «Country Pie», grabada en el Fillmore East, Nueva York, el 20 de diciembre de 1969 y «One of Those People» grabada en estudio ese mismo año.

EMERSON, LAKE & PALMER

Pictures at an Exhibition (Island, 1971) Newcastle City Hall, 26 de marzo de 1971

PROCOL HARUM

In Concert with the Edmonton Symphony Orchestra (Chrysalis, 1972)

Northern Alberta Jubilee Auditorium, Edmonton, Canadá, 18 de noviembre de 1971

YES

Yessongs (Atlantic, 1973)

Grabado entre febrero y diciembre de 1972 en Norteamérica e Inglaterra.

FOCUS

At the Rainbow (Imperial / Polydor, 1973)

Rainbow Theatre, Londres, 5 de mayo de 1973

TRAFFIC

On the Road (Island, 1973)

Gira alemana, 1973

BADGER

One Live Badger (Atlantic, 1973)

Rainbow Theatre, Londres, 15 y 16 de diciembre de 1972

RICK WAKEMAN

Journey to the Centre of the Earth (A&M, 1974)

Royal Festival Hall, Londres, 18 de enero de 1974

PREMIATA FORNERIA MARCONI

Cook - Live in the USA (Manticore, 1974)

Toronto y Nueva York, agosto de 1974

CARAVAN

Caravan & The New Symphonia (Decca, 1974)

Theatre Royal, Londres, 28 de octubre de 1973

MAGMA

Live/Hhaï Köhntark (Utopia, 1975)

Taverne de l'Olympia, París, entre el 1 y el 5 de junio de 1975

Live (Island, 1976)

Queen Elizabeth Hall, Londres, 3 de septiembre de 1976

RENAISSANCE

Live at Carnegie Hall (BTM / RCA, 1976)

Carnegie Hall, New York, 20, 21 y 22 de junio de 1975

GENESIS

Seconds Out (Charisma / Atlantic, 1977)

Palais des Sports, París, del 11 al 14 de junio de 1977, excepto «The Cinema Show», grabado en París en 1976.

JANE

Live at Home (Brain, 1977)

Niedersachsenhalle, Hannover, 13 de agosto de 1976

NOVALIS

Konzerte (Brain, 1977)

Gira alemana, enero y abril de 1977

GENTLE GIANT

Playing The Fool (Chrysalis, 1977)

Gira europea, septiembre y octubre de 1976.

THE MOODY BLUES

Caught Live + 5 (Decca, 1977)

Royal Albert Hall, Londres, 12 de diciembre de 1969.

La cara D contiene cinco temas inéditos, grabados en estudio entre 1967 y 1968

GROBSCHNITT

Solar Music - Live (Brain, 1978)

Otto Pankok Forum, Mühlheim, 7 de abril de 1978.

JETHRO TULL

Bursting Out (Chrysalis, 1978)

Gira europea, mayo y junio de 1978.

CAMEL

A Live Record (Decca, 1978)

Grabado en distintos shows en Inglaterra entre 1974 y 1977

KANSAS

Two for the Show (CBS / Kirshner, 1978)

Grabado en diversos shows entre 1977 y 1978

STEVE HILLAGE

Live Herald (Virgin, 1979)

Grabado en distintos shows en Inglaterra en 1977 y 1978

MIKE OLDFIELD

Exposed (Virgin, 1979)

Gira europea, marzo y abril de 1979

HARMONIUM

En Tournée (CBS, 1980)

Vancouver, junio de 1977

RUSH

Exit...Stage Left (Anthem / Mercury, 1981)

The Forum, Montreal, 27 de marzo de 1981, excepto la cara 2, grabada el 10 y 11 de junio de 1980 en The Apollo, Glasgow.

TWELFTH NIGHT

Live and Let Live (Music For Nations, 1984)

Marquee Club, Londres, 4 y 5 de noviembre de 1983

MARILLION

The Thieving Magpie (La Gazza Ladra) (EMI / Capitol, 1988)
Grabado en distintos shows en 1984, 1986 y 1987

IT BITES

Thank You and Goodnight (Virgin, 1991)
Grabado en diversas fechas en 1989 y 1990

PORCUPINE TREE

Coma Divine (Delerium, 1997)
Frontiera, Roma, 26 y 27 de marzo de 1997

KING CRIMSON

Absent Lovers - Live in Montreal, 1984 (Discipline Global Mobile, 1998)
The Spectrum, Montreal, 11 de julio de 1984.

IQ

Subterranea: The Concert (Giant Electric Pea, 2000)
013, Tilburg, 4 abril de 1999

PINK FLOYD

Is There Anybody Out There? (EMI / Columbia, 2000)
Gira de The Wall, 1980-1981

DREAM THEATER

Live Scenes from New York (Elektra, 2001)
Roseland Ballroom, Nueva York, 30 de agosto de 2000

THE FLOWER KINGS

Meet the Flower Kings (Inside Out, 2003)
Stadsteater, Upsalla, 10 de febrero de 2003

VAN DER GRAAF GENERATOR

Real Time (Fie!, 2007)
The Royal Festival Hall, Londres, 6 de mayo de 2005

OPETH

The Roundhouse Tapes (Peaceville,2007)
The Roundhouse, Londres, 9 de noviembre de 2006.

TRANSATLANTIC

Whirld Tour 2010: Live in London (Radiant, 2010)
Shepherd's Bush Empire, Londres, 21 de mayo de 2010

ELOY

Reincarnation on Stage (Artist Station Records, 2014)
Alemania y Suiza durante la gira 2012-2013

THE DEAR HUNTER

Live (Equal Vision Records, 2015)
Distintos shows durante 2013, acompañados por un cuarteto de cuerda.

IMÁGENES PROGRESIVAS

Conciertos, documentales y películas imprescindibles

Prog Rock Britannia (2009)

Documental de la BBC sobre los primeros años del rock progresivo en el Reino Unido.

Romantic Warriors: A Progressive Music Saga (2010)
Romantic Warriors II: A Progressive Music Saga About Rock in Opposition (2012)
Romantic Warriors III: Canterbury Tales (2015)

Tres films, a cargo de Zeitgeist Media, fundamentales para entender buena parte del género en su presente y su pasado. El primer volumen se centra en el prog contemporáneo, mientras que los otros dos volúmenes hacen lo propio con el RIO y la escena de Canterbury.

The Legendary Shepperton Studios Concert (1973)

Filmación en 16mm restaurada en HD y editada de forma no oficial, recogiendo la mítica actuación de Genesis en los estudios Shepperton en 1973

The Wall (1982)

Película dirigida por Alan Parker, basada en el disco homónimo de Pink Floyd

Live From Loreley (1987)

Concierto de Marillion grabado en Alemania en 1987, durante la gira de Clutching at Straws

YesYears (1991)

Documental biográfico sobre los años de más éxito del grupo.

Metropolis 2000 – Scenes From New York (2001)

Dream Theater interpretando íntegramente Scenes From A Memory en New York en agosto de 2000, más material adicional.

The Story So Far ... (2001)

Concierto de Mostly Autumn en un DVD que incluye entrevistas y videos promocionales.

Live At Pompeii (The Director's Cut) (2003)

Nueva versión, incluyendo entrevistas y material adicional, del clásico concierto sin audiencia de Pink Floyd en las ruinas de Pompeya en 1971.

Testimony Live (2004)

Doble DVD con un show de Neal Morse en Tilburg, Alemania; tres horas y media de show así como un documental de la gira de Testimony

Smoke & Mirrors (2007)

Concierto íntegro de Arena grabado en 2005 en Katowice, Polonia, más contenido adicional.

Their Fully Authorised Story (2008)

Doble DVD que abarca toda la carrera de Jethro Tull, dentro de la magnífica serie Classic Artists.

3 Rivers Progressive Rock Festival (2008)

Compendio de actuaciones en el Festival 3 Rivers de Pittsburgh, en su edición de 2008, incluyendo shows de Spock's Beard, Flower Kings, Neal Morse, Mandrake Project, California Guitar Trio, Rocket Scientists, Gongzilla...

Insurgentes (2009)

Documental dirigido por Lasse Hoile sobre el primer disco en solitario de Steven Wilson.

Pictures At An Exhibition (2010)

Emerson, Lake & Palmer interpretando su clásico en directo en el Lyceum de Londres, en diciembre de 1970.

Rush: Beyond the Lighted Stage (2010)

Documental sobre la carrera de los canadienses, desde sus inicios hasta la actualidad

Tubular Bells: The Mike Oldfield Story (2013)

Documental sobre el mítico primer disco de Oldfield, narrado por él mismo y con entrevistas a colaboradores.

BIBLIOGRAFÍA

Aguilera, Christian, *Historia del neo rock progresivo (1982-2016)*. T&B Editores, 2016.

Bayeulle, Alain y Berrouet, Laurence, *Genesis*. Albin Michel Ed., 1987.

Carrera, Óscar, *Malas hierbas: Historia del rock experimental (1959-1979)*. T&B Editores, 2014.

Cambiasso, Norberto, *Vendiendo Inglaterra por una libra: Una historia social del rock progresivo británico*. Tomo I: Transiciones de la psicodelia al prog. Gourmet Musical, 2014.

Cristadoro, Mox, *I 100 migliori dischi del progressive italiano*. Tsunami, 2014.

De Juan, Javier, *Jethro Tull*. Ediciones Jucar, 1984.

Freeman, Steven & Freeman, Alan, *The Crack in the Cosmic Egg: Encyclopedia of Krautrock, Kosmische Musik, & other progressive, experimental & electronic musics from Germany*. Audion Publications (UK 1996).

Gómez-Font, Àlex, *Barcelona, del rock progresivo a la música layetana*. Editorial Milenio, 2011.

Guillén, Sergio y Puente, Andrés, *Radiografía del rock experimental: de la psicodelia a la actualidad del rock progresivo*. Castellarte, 2006.

López, Jaime, *Yes*. Salvat, 1991.

Hegarty, Paul y Halliwell, Martin, *Beyond and Before: Progressive Rock since the 1960s*. Bloomsbury Academic, 2011

Holm-Hudson, Kevin (Ed.), *Progressive Rock Reconsidered*. Routledge, 2001.

Kreimer, Juan Carlos y Polimeni, Carlos, Ayer nomás: 40 años de rock en la Argent*ina (1966-2006)*. Ediciones Musimundo, 2006.

Leech, Jeanette, *Seasons They Change: The Story of Acid and Psychedelic Folk*. Jawbone Press, 2010.

Romano, Will, *Mountains Come Out of the Sky: The Illustrated History of Prog Rock*, Backbeat Books, 2010.

Sanger, Mathias, *Prog Rock History: The Canterbury Scene*. Createspace Independent Publishing Platform, 2015.

Wagner, Jeff, *Mean Deviation: Four Decades of Progressive Heavy Metal*. Bazillion Points Books, 2010

Playlist

Para escuchar una selección de las mejores canciones del género
que aparecen en este libro puedes acceder al siguiente enlace:

http://spoti.fi/2eOz3NI